Paz En Tu Mirada

Mary Lechuga Ozáez

Prólogo Lain, autor Best Seller La Voz De Tu Alma

Paz En Tu Mirada

Título: *Paz en tu mirada*
© 2019, Mary Lechuga Ozáez
Portada: @sandoraneko

marylechugaozaez@gmail.com

Primera edición: julio de 2019
ISBN-13: 978-84-09-11093-3

*Somos artistas, exploradores y viajeros de la vida,
un camino lleno de emociones y cambios.*

Crecer es estar VIVO.

Es PASIÓN.

Es GRANDEZA.

Crecer es COMPROMISO.

Tus decisiones tienen que ser de corazón.

Escucha a tu corazón, acallando tu mente.

Ahí sacarás tu verdad.

Tu DESEO.

Tu anhelo.

Tu AMOR.

Desde allí encontrarás el AMOR.

Permítete SENTIR.

Permítete sentir lo que sientes, sin juzgarte.

Permítete sentir todo lo que sientes.

Vívelo.

Vívelo intensamente y déjalo ir.

Suelta y confía.

AMA.

EMOCIONES: ENERGÍA EN MOVIMIENTO

¿TE ATREVES A VIAJAR?

Somos artistas, exploradores y viajeros de la vida,

un camino lleno de emociones y cambios.

Este libro es para abrir el CORAZÓN y seguirlo.

Un libro para VALIENTES.

GRACIAS, GRACIAS, GRACIAS

POR ELEGIRME.

PAZ EN TU MIRADA

MARY LECHUGA OZÁEZ

PRÓLOGO DE LAIN

Ámate y ama siempre a los demás. Todo va mal cuando dejas de hacerlo.

El principio más importante que debemos aprender es el del amor. Pues la fuerza antagonista es el miedo. Piensa que donde va la ATENCIÓN va la ENERGÍA y en eso nos convertimos, por lo tanto, es fundamental aprender a enfocarnos en lo bueno, aún cuando las circunstancias aparenten lo contrario.

Detrás de todo gran desafío se encuentra una gran bendición, pero no llega por casualidad, sino que debemos trabajar en ello para poder recoger los frutos.

No vasta con ver pasar la vida, debemos aprender de ella. Si lo hacemos, cada vez tendremos más conciencia de que, en realidad, la vida no nos pasa a nosotros, sino que nos pasa PARA NOSOTROS.

Todo te lleva a tu destino y debes aprender a confiar en el proceso.

Creo que si estás en estas páginas es porque eres un buscador, y quien busca no debe dejar de buscar hasta que encuentre, y cuando encuentre se estremecerá, y después se maravillará y reinará sobre el universo, su universo, aquél que él mismo ha creado.

Nada llega por casualidad sino por CAUSAlidad, por sincronicidad, por principio de causa y efecto.

Esto quiere decir que si este libro llegó a ti es porque hay algo importante para ti, que te ayudará a seguir avanzando hacia tu bendición más grande.

Gracias Mary por escribirlo y gracias a ti, amado lector, por querer leerlo y aprender de él.

GRACIAS GRACIAS GRACIAS.

TE AMO.

LAIN, autor de la saga LA VOZ DE TU ALMA.

www.lavozdetualma.com

TESTIMONIOS

Excelente libro, ha sido un placer leerlo, como todo lo que escribe Mary.

Se lee rápido, inyecta optimismo y ganas de cambiar la forma en la que se afronta la vida.

Un gran libro que, si tienes la suerte de tener en las manos para leerlo, te cambiará, atrévete a disfrutar la aventura de leerlo.

ALBERTO MARTÍNEZ.
Emprendedor.

Un grito de sentimientos y emociones al mundo, desde lo más profundo del corazón, hasta el corazón de todo el que lo lee. Sencillamente tú. Mary abriendo su CORAZÓN al Mundo.

MARI CARMEN VICO.
Administrativa

Paz en tu mirada es la exposición de un sueño expresado con palabras y Mari necesita compartirlo con todos nosotros. Me impresiona gratamente cómo un ser aparentemente tímido y delicado crece sobremanera y es capaz de darse sin condiciones. Sus textos son todo verdad y son la sabiduría de la reflexión en la vida diaria, una búsqueda constante por conocerse y un deseo por conseguir la paz personal en el camino de la vida.

Gracias por hacer público tu gran tesoro y por luchar cada día en esta misión tan complicada que es vivir.

ANA MARÍA BRAVO LECHUGA.
Profesora de secundaria y bachillerato.

Lectura sencillamente apasionante y emocionante, te engancha y no puedes parar de leer hasta el final… me ha encantado. Vitaminas para el alma. Las nubes necesitan descargarse para que vuelva a brillar el sol… como los humanos necesitamos llorar para volver a empezar.

NÚRIA REALES.
Ama de casa.

La trilogía "PAZ EN TU MIRADA", nos hace dar cuenta de cuantos fueron los traumas y retos que ha tenido que superar en su vida, al quedarse sin padre a los cuatro años. Cuando a esta edad tan temprana, un hijo-a, ve a su padre como el que le da seguridad, fortaleza, consuelo, guía u un ídolo a imitar. También los ataques epilépticos y la pérdida de su voz después de la operación de tiroides, fueros estos grandes hándicaps. Pero Mari esta imparable ser lleno de fuerza, sensibilidad, auto conocimiento que ha sabido escuchar a su corazón, buscar los recursos en lo más profundo de su interior y cambiar por completo su forma de pensar, sentir y actuar ha llegado a sentir ese amor verdadero hacia ella misma que antes no se había permitido. Así sanar demostrándonos que es una sabia incansable e inspiradora autora, que después de leer su trilogía te das cuenta de que tiene todos los recursos, acciones y caminos a seguir para darte todos los métodos para conseguir tu objetivo en tu vida con éxito sintiéndolo desde el alma y con fuerte vibración. Yo te aseguro que si lees esta trilogía de Mari no te vas a quedar indiferente y verás como todo lo que te digo es cierto.

ENRIQUETA CLAVER MOLLINEDO,
Autora de la trilogía "TU DIVINA INSPIRACIÓN"

"Paz en tu Mirada", una trilogía que me ha cautivado y emocionado hasta ponerme los pelos de punta… te ayuda a entender que tu voz SÍ IMPORTA, que expresarte, comunicarte desde el corazón y ser tú es lo más importante para vivir en paz y vivir desde el amor.

MARTA NOGUÉS BAZAGA.
Autora de la trilogía SÍ A LA VIDA,
subcampeona de Europa, finalista en campeonatos del mundo de natación y Veterinaria.

Estoy deseando leer Tu Voz Si Importa, quiero decir que este libro Paz En Tu Mirada , me ha ayudado a ver que los sueños se pueden cumplir cuando superas tus miedos, cuando confías en ti, me siento que con Paz En Tu Mirada he aprendido de mis

miedos, como afrontar esos dragones y que ver los sueños cumplidos de otros hace llenar mi corazón de amor con tan solo paz en la mirada de mi amiga, autora, fotógrafa, mama, escritora emocional,.. que si confías en ti logras tus sueños.

BERTA MORGADO. Administrativa.

Un viaje a tu interior dónde impregnarte de sabiduría, fuerza y coraje hacia un crecimiento personal tal y como el de su escritora Mari, una valiente de verdad que comparte desde sus propias vivencias. Una gran guía hacía el autoconocimiento.

MAR HERNÁNDEZ.
Empresaria Mary Kay.

"Paz en tu Mirada" es una trilogía que me identifica plenamente debido a que desde niña también tomé roles y vidas externas que no me correspondían, pero las hice mía para poder tener un lugar en esta vida pero eso me llevo a perderme en algún momento y olvidarme de quien era.

La autora nos ha entregado un regalo con este mensaje para poder hacernos conscientes viajando a nuestra niñez para ir sanando y construir el verdadero lugar que nos corresponde.

BEATRIZ CABEZAS MARIN,
Autora de la trilogía "EL GRITO DE JOB"

Paz en tu mirada es un libro de superación personal que te conecta con tu niño interior, te haces responsable de tus acciones, te ayuda a sacar nuestro potencial, a cumplir tus sueños y dejar atrás tus limitaciones.

Gracias Mary por aportar tanto a mi vida, que tu niña interior viva orgullosa del mujerón que eres.

KIKO OTERO. Chofer.

Tu voz sí importa. Mi voz sí importa. Sin duda este es uno de los mensajes más fuertes que me llevo de esta trilogía, porque solo comprendiendo esto podemos conocer en verdad quienes somos y volver a amarnos de verdad. Y amarnos implica ser capaces

de dejar ir aquello que no nos permite avanzar para alcanzar de verdad la paz en nuestra mirada, porque la paz solo puede venir de nuestro interior.

MADA GUZMÁN autora de la trilogía GOZAR LA MATERNIDAD y fundadora de Desaprendiendo para aprender.

Se dice que los ojos son el reflejo del alma, que son una expresión de cómo nos encontramos por dentro. Mari Lechuga a través de su trilogía "Paz en tu mirada" Te ayuda a través de un viaje sin precedentes a sanar tu alma de las heridas del pasado para que puedas volver a reflejar en tus ojos la paz de tu alma. Gracias Mari por este viaje de sanación interior tan necesario para poder volver a ser felices.

CARLOS SANTANA autor de la saga ALMA DE ÁGUILA y del movimiento "indomables"

Paz en tu Mirada te va a ayudar a reconectarte con tu verdadero ser.

Realizarás un viaje a esa parte humana que te hará vivir de forma plena si la tienes en cuenta: tu corazón.

Mary basándose en su propia experiencia, te ayudará a llegar a él. Así que, si quieres conocer tus verdaderos anhelos, y vivir en base a ello, esta … ¡es tu saga!

LAURA LOSTAO FUERTES.
Autora de PUEDES CAMBIAR TU MUNDO.

La trilogía Paz en tu Mirada de mi más que amiga, hermana, Mary Lechuga Ozáez, me ha ayudado a hacer un viaje hacia mi propio interior a través del suyo. Al compartir sus experiencias de vida y desnudar su alma en su trilogía, me ha enseñado que hay que parar a escucharnos a nosotros mismos  porque la solución a nuestros miedos y limitaciones, la tenemos en nuestro interior, y solo escuchándonos, encontraremos las herramientas para sanarnos y ser felices.

Durante la lectura me he sentido acompañada en todo momento por ella, por sus vivencias y sus sentimientos y emociones, que los reconocía como también míos. Aunque yo haya tenido otras experiencias de vida y otros retos, los sentimientos más profundos eran los mismos y me ha ayudado mucho ver su forma de canalizarlos y transformarlos en algo maravilloso, como el querer evolucionar y el ir a buscar tus sueños. En definitiva, vivir tu vida con ilusión y agradeciendo día a día lo que tenemos y las experiencias que se nos presentan que en definitiva nos ayuda a crecer como personas.

Mi momento de revelación de esta trilogía, fue en el primer libro con la foto de "STOP ". Esta fotografía si lees de derecha a izquierda" POTS" y en catalán significa "PUEDES". Y el mensaje que me llegó fue claro. "Si paras puedes". Yo estaba en un momento de bloqueo personal y no sabía cómo encontrar soluciones por más que las buscaba desesperadamente. Y con la trilogía de Paz en tu Mirada, que llegó a mis manos en el momento indicado, y el mensaje directo de la fotografía, he aprendido a parar y escucharme, no hay prisa y todo llega a su momento. Gracias, gracias, gracias, Mary por el regalo maravilloso que me has hecho, que nos has hecho.

Te quiero, Consuelo Calzado.

CONSUELO CALZADO. Técnica de comunicación.

Paz en tu mirada es un libro especial, un libro único esta super acertado, desde el titulo hasta cada una de las páginas que hay dentro de él. A través de Mary vemos una vida repleta de obstáculos y de dificultades que poco a poco, ella va superando y nos va enseñando como conseguir superarlos cada uno, de cada desafío que tienes en la vida, con estrategias y pautas a seguir bastante claras, para mí un libro totalmente recomendable para todo tipo de públicos.

SERGIO SÁNCHEZ GONZÁLEZ.
Director de Escuela Taekwondo y Artes Marciales.

Paz en tu mirada ha sido una gran revelación para mí. Detrás de sus páginas Mary nos revela el ABC no solo para poder superar todos los obstáculos que nos encontremos en el camino sino también para aprender de ellos y entender el "para que" nos ha tocado esa vivencia. Tengo muchas ganas de seguir leyendo toda la trilogía de esta gran autora.

MARTA ANTOLÍN CASANOVA.
Directora de Óptica.

Gracias a la historia de Mary me he hecho más fuerte. La trilogía Paz en tu mirada es una gran historia de superación personal . Que importante es tener personas como Mary con gran Valentia para transmitir esta historia tan especial y ENORME. Permítitete este viaje hacio lo

más profundo de ti, de tu corazón. Empieza a vivir desde tu interior, desde tu paz en la mirada.

ANDREA CASTILLEJO.
Autora de la trilogía Reconectate Con Tu Verdad.

Tu historia la verdad es que me deja sin palabras. Eres un auténtico ejemplo de lucha, superación y determinación, transmitiendo a los demás que uno puede y debe luchar por lo que realmente le apasiona. Como tú dices es vital mirar hacia adentro para que cada uno reconozca sus miedos y poder así sentir amor por los demás. Afortunadamente, personas como tú nos muestran ese apasionante viaje hacia dentro de nosotros, hacia nuestro corazón. "Paz en tu mirada" es volver a recordar quién eres y lo importante que es dejar ir para volver a amar. Gracias por toda la fuerza, energía y positividad que transmites en este libro. Ojalá escribas muchos más. Un abrazo enorme.

AITOR BARAIA,
Autor de la trilogía "EL MASTER DE LA VIDA"

Cuando te sumerges en las páginas de "Paz en tu mirada", descubres que no es un libro más. Descubres que hay un poder en nuestro interior inconmensurable y que el Ser que llevas contigo es capaz de cosas absolutamente imposibles para tu mente. Lo

que ha superado la autora inspira, motiva y despierta todo ese poder interior, regalándote las claves no solo para conseguirlo, sino para desplegar todo su potencial. Cada palabra de esta trilogía acaricia tu alma de una manera inesperada, tierna y directa. Unos libros hechos con mucho amor, que hablan de alma a alma. Sin duda, una lectura imprescindible.

JOSE VICENTE GARGALLO.
Autor de LAS CENIZAS DE NUESTRO PADRES.

ÍNDICE

EMPIEZA EL VIAJE

"LA ÚNICA MANERA DE ENCONTRAR LOS LÍMITES DE LO POSIBLE ES YENDO MÁS ALLÁ DE ELLOS EN LO IMPOSIBLE".

Arthur C. Clarke

Este es un libro sencillo, mi intención a la hora de compartirlo contigo, mi querido valiente, es que te sea fácil de leer, que te llegue al corazón. Es un libro transformador, revelador, apasionante, inspirador, instructivo. Hay que involucrarse si quieres tener resultados, va a impactar a tus emociones, es un viaje profundo, esperanzador, solo hay que poner coraje y pasión.

Ganas, hay que poner ganas, como todo en la vida. Hay que poner ganas, si no hay ganas, no hay resultados, si no hay ganas, los sueños se desvanecen, si no hay ganas, no ganas. No hay resultados.

Mis ganas de escribir, de compartir mi historia, me han dado el impulso de hacerlo, de motivarme para lograr cumplir mis sueños. No es fácil, sí es sencillo, solo tienes que tener ganas, ganas de crecer, ganas de aprender, ganas de compartir, ganas y más ganas, ganas de conocerte y conocer a los demás, ganas de entusiasmarte cada día, ganas de realizarte y sentirte cada día un poquito mejor, ganas de comprometerte contigo mismo, ganas de ayudarte a ti mismo, para después poder ayudar a los demás.

Ganas y ganas, ganas siempre que tienes ganas.

Ganas de ganar y ganas de seguir teniendo ganas.

CUANDO CRECES, TE TRANSFORMAS, CUMPLES SUEÑOS

Este fue mi primer sueño hecho realidad.

Dicen que nosotros buscamos sueños, cuando en realidad es el sueño el que te busca a ti.

Solo que no te das cuenta de él y lo dejas escapar para seguir buscando.

Tienes que sentirte digno de tu sueño para que te alcance y así poder encontraros, porque aquello que andas buscando también te anda buscando a ti.

Nos preocupamos antes de tiempo por cosas que no sabemos si van a pasar o no.

La preocupación no te deja actuar, al contrario, te bloquea y te hace ir muy despacio.

Necesitamos de grandes desafíos para tomar conciencia y darse cuenta de la verdad.

Tu verdad es la que vale, tú sabes tu camino, tu historia y tu vida.

Los demás pueden criticarte, juzgarte, envidiarte y hasta odiarte, pero tú debes darte cuenta de que tu camino es tuyo y solo tuyo.

Tú tienes el poder de dirigir primero tus pensamientos para darte cuenta de qué creencia te hace pensar así y qué te hace sentir.

La creencia es la raíz. El pensamiento, su fruto, y de ahí vienen tus acciones o no acciones.

Hay pensamientos que te harán actuar, otros que no, al contrario, te harán paralizarte.

Ahí es donde tienes que estar muy atento y elegir el que te haga feliz.

La emoción es el motor.

Sin emoción no hay acción.

Las emociones nos mueven, nos dirigen, nos dan vida y muerte.

Imagina que eres un avión y decides despegar con AMOR, el AMOR mueve emociones bonitas, de entusiasmo, gratitud, aventura, ese avión despegará con alegría.

Sin embargo, ahora imagina que eres un avión que despega con miedo.

¿Qué pasa?

¿Crees que en algún momento va a despegar?

Lo intentará, hará lo posible para despegar, se esforzará, irá contracorriente, pero siempre habrá algo que le impedirá volar.

Su miedo a volar.

El miedo es necesario, es lo que te permite conocerte y aprender de ti mismo.

Se necesita el miedo para vivir, igual que se necesita el AMOR para vivir.

Una cosa no puede existir sin la otra, porque son lo mismo, solo que en diferente vibración.

Si miras al miedo te darás cuenta de que lo único que quiere o necesita es AMOR.

El miedo es falta de AMOR.

Si algo he aprendido es que cuando sientes miedo se activan en ti una cantidad de emociones negativas o emociones no tan agradables, aunque necesarias, que lo único que hacen es avisarte de que algo bueno puede pasarte.

Y claro, no estamos acostumbrados a que nos pasen cosas bonitas o, lo que es peor, no nos creemos merecedores de esa felicidad.

De ahí el principio de este libro, hay que dejar encontrarse por el sueño, tu sueño, y sentirte merecedor de él.

Y cuando sientas eso de todo corazón ya todo es posible.

Tu sueño te alcanzará a ti.

¿*Te atreves a* **VIAJAR?**

¡VAMOS!

CORAJE

"NUNCA SE PUEDE CRUZAR EL OCÉANO HASTA QUE SE TENGA EL CORAJE DE PERDER DE VISTA LA COSTA".

Cristóbal Colón

¿QUIÉN SOY?

Soy Mary, Marieta, Maruchi, Marucha, María, Mari, Mariquilla, Mariameni, Mariona, y la lista puede continuar.

Me han llamado de tantas formas que a veces ya no sabía ni cómo llamarme cuando me preguntaban: "¿Cómo te llamas?".

Por eso un día me hice la pregunta de…

"¿Cómo te quieres llamar?". Y me quedé con Mary.

Pero, en realidad, mi nombre es… María Angustias.

Siempre ocultaba el Angustias.

"¡Madre mía! ¡Qué nombre más de persona mayor!", me decía a mí misma.

Soy María Angustias.

Acabo de unir mi nombre.

¿Por qué he empezado uniendo mi nombre?

Porque es mi nombre y lo acepto.

Me he pasado mucho tiempo sin aceptar mi nombre.

No me gustaba, no me gustaba nada. "No me pega", decía yo.

"Es muy largo y encima parece de persona mayor.

Y yo solo soy una niña".

¿Y a ti?

¿Te gusta tu nombre?

¿Por qué empiezo mi libro con todo esto?

¿Por qué?

¿Quién eres?

¿Quién eres tú?

No importa cómo te llame la gente, lo que importa es cómo te llamas tú.

Cómo te hablas a ti mismo y qué piensas de ti.

¿Te aceptas?

Yo primero no aceptaba mi nombre. Después, "es que soy bajita, no crezco, vaya paticas tengo, qué delgaducha", y empiezas a compararte con los demás.

A sentirte diferente, raro, que no encajas, y quizás empiezas a comportarte de una manera para que te acepten.

Para que no dejen de quererte.

Te autoengañas y empiezas a vivir para agradar a los demás, para "encajar".

Crecí siendo muy tímida y nunca quería llamar la atención, lo que hizo que me comportara de forma siempre correcta, siendo buena, y haciendo lo que creía que los demás esperaban de mí. Era incapaz de pedir lo que quería, incapaz de decir lo que necesitaba, solo esperaba que alguien me rescatara de mi propia inseguridad.

Siempre me ha costado mucho expresarme, no quería que me rechazaran y no sabía expresar mis emociones, porque no las reconocía, no sabía identificarlas ni gestionarlas correctamente.

De niña me diagnosticaron epilepsia. Se trata de un trastorno provocado por el aumento de la actividad eléctrica de las neuronas en alguna zona del cerebro.

La persona afectada puede sufrir una serie de convulsiones o movimientos corporales incontrolados de forma repetitiva.

A esto se le llama ataque epiléptico. Las dos técnicas de imagen que se emplean en el diagnóstico de epilepsia son la tomografía computarizada (TC) y la resonancia magnética (RM).

Mediante técnicas diferentes nos muestra la imagen de la estructura del cerebro y permite detectar las lesiones cerebrales focales que son causantes de las crisis epilépticas.

Las convulsiones son el principal signo de la epilepsia. Algunas convulsiones pueden parecer episodios catatónicos.

Otras convulsiones pueden hacer que la persona caiga, tiemble y no se dé cuenta de lo que sucede a su alrededor.

Convulsiones tónico-clónicas. Las convulsiones tónico-clónicas causan movimientos espasmódicos repetidos en los músculos en ambos lados del cuerpo, producen una mezcla de síntomas, como rigidez del cuerpo y tirones repetidos de los brazos y/o piernas, así como la pérdida de la conciencia.

Habitualmente una convulsión dura desde unos segundos hasta unos pocos minutos.

La epilepsia ocurre cuando los cambios en el tejido cerebral hacen que el cerebro esté demasiado excitable o irritable. Como resultado de esto el cerebro envía señales anormales, que ocasionan convulsiones repetitivas e impredecibles.

La epilepsia puede deberse a un trastorno de salud o una lesión que afecte al cerebro, aunque la causa puede ser también desconocida.

Estuve muchos años viviendo con miedo, miedo de volver a marearme, de volver a tener una crisis epiléptica.

Eso bajó muchísimo mi autoestima, porque nunca sabía cuándo podría darme una crisis y volver a caerme al suelo, "marearme".

"Ya te ha vuelto a dar el mareo, tía. ¡Qué vergüenza!".

Eso me generaba ansiedad y mucho miedo de hacer cosas, tenía mucha inseguridad y me creó dependencia de los demás. Siempre tenía que ir acompañada, así me sentía más segura.

Aunque muchas veces quería hacerme la valiente y controlar las crisis, eso era algo que no podía controlar y… ¡cataplás!, al suelo y otro coscorrón más.

Y yo me decía: "Mira que lo sabes y sigues sin hacerle caso al doctor". Cuando sientas que te vas a marear, túmbate, y te ahorras la caída.

Pensaba que algún día lo podría controlar. O que dejaría de sucederme eso. Me caía en un concierto, en la discoteca, en casa, en la calle, en el campo, daba igual. Cuando llegaba, llegaba. Eso me hacía sentir vergüenza, quizás por eso nunca me ha gustado llamar la atención.

Ya lo conseguía suficientemente con todo eso y me sentía superrara, diferente, insegura, hasta inútil, débil, e incapaz de hacer lo que hacía todo el mundo. Pensaba que nunca iba a poder vivir normal, que no iba a poder tener una vida normal. Creía que nunca podría conducir, ni hacer según qué tipo de actividades, por miedo a volver a sufrir otra crisis.

Me sentía limitada en muchos aspectos de mi vida, pero la Marieta quería controlarlo todo. No me gustaba marearme, ni ser diferente. Siempre que había un impacto emocional fuerte me mareaba y, ¡zas!, otra vez al suelo.

Por fin un día me dieron el alta en el neurólogo, y ya no tenía epilepsia, sino síncope vasovagal, es la forma más común de desmayo, donde la frecuencia cardíaca es más lenta y los vasos sanguíneos dilatados hacen que llegue menos cantidad de sangre al cerebro, provocando así el desmayo. El síncope vasovagal es de tipo reflejo, y era el mecanismo de defensa que utilizaba mi cuerpo para desconectar de las cosas que no me gustaban. En vez de afrontarlas, huía de ellas. Por ejemplo, de mis emociones.

Empecé a escuchar a mi cuerpo y a darme cuenta de que era cierto, que cuando había algún impacto emocional fuerte para mí, simplemente por mi forma de sentir, de afrontar esa situación, no sabía gestionarla y, para no sufrir, utilizaba inconscientemente ese mecanismo de defensa para no afrontar la situación. Esa no era la forma, la manera más aconsejable, porque eso no me estaba ayudando nada. Al contrario, eso solo me hacía sentir cada vez peor, más insegura e intranquila.

Fui consciente de que necesitaba ayuda y que alguien me orientara, me guiara y me enseñara a gestionar todo eso, y decidí pedir ayuda e ir al psicólogo.

Allí pude gestionar, comprender toda mi vida. Desbloqueando creencias y superé traumas que no había trabajado nunca, como la muerte de mi padre. Conseguí vivir de manera más sana, sin ansiedad y con mucha más normalidad.

Gracias, Núria, por todo lo que hemos compartido y cómo me has ayudado a crecer.

Gracias de corazón, sabes que me has aportado muchísimo y gracias a ti hoy también estoy escribiendo este libro, porque me has ayudado a conocerme y a que hoy tenga la capacidad de comunicarme cada día mejor, gracias por todo el trabajo que hemos hecho juntas.

Un día me comentó Núria que buscara información sobre PNL (programación neurolingüística), que eso me podría ayudar.

La programación neurolingüística es un enfoque de comunicación, desarrollo personal y psicoterapia creado por Richard Bandler y John Grinder en Estados Unidos en la década de los 70.

Sus creadores sostienen que existe una conexión entre los procesos neurológicos (neuro), el lenguaje (lingüística) y los patrones de comportamiento aprendidos a través de la experiencia (programación), afirmando que estos se pueden cambiar para lograr objetivos específicos en la vida.

De acuerdo con esta variación, la PNL clasifica a las personas en visuales, auditivas y kinestésicas.

Las personas visuales perciben mejor su entorno mediante el sentido de la vista, gustan de actividades agradables a la vista, el cine, teatro, las artes, paisajes, etcétera.

Las personas auditivas perciben mejor su entorno mediante el sentido del oído, gustan de actividades relacionadas con la escucha como la música, contar historias, interactuar con otras personas, etcétera.

Las personas kinestésicas son las que perciben el mundo a través de los sentidos del tacto, gusto y olfato, gustan de actividades físicas, así como el contacto con otras personas.

Ahí fue cuando empecé en serio con el crecimiento personal, después de una conferencia de PNL en Barcelona.

Investigué todo lo que pude sobre ello, asistí a conferencias y empecé a rodearme de gente extraordinaria. Empecé una investigación sobre el comportamiento humano y sobre cómo se crea el estado de ánimo y cómo eso nos afecta en todas nuestras decisiones. Empecé primero a investigarme a mí misma, a estudiarme, empecé una relación conmigo misma de autoconocimiento, revisé todo mi pasado, cómo me había sentido, qué había hecho y qué no.

Y empecé a luchar por mis sueños, a hacerlos realidad.

Empecé a ir a eventos, como Vuélvete Imparable de Laín, recomendable 100%. Es un evento en el que te encuentras contigo mismo y con quien realmente eres.

Gracias a LAÍN y a **VUÉLVETE IMPARABLE** *hoy estás leyendo este libro.*

MUCHÍSIMAS GRACIAS, LAÍN, POR TODO LO QUE TRANSMITES Y HACES POR TODA LA HUMANIDAD.

Gracias por tu SAGA **"LA VOZ DE TU ALMA".**

Y por este viaje de transformación que hemos vivido juntos.

Antes de empezar a escribir esta trilogía, decidí empezar un proceso de *coaching* estratégico personalizado con Alberto en el que he roto un montón de miedos y prejuicios y en el que he crecido muchísimo, realizando dos exposiciones de fotografía gracias a su ayuda, su acompañamiento y a su enorme generosidad y amor.

Eternamente agradecida. GRACIAS, ALBERTO.

Gracias por aparecer en mi vida y ayudarme a confiar en mí, a enseñarme a quererme, gracias por hacer posible que mis exposiciones salieran a la luz. Gracias por estar en mi vida. Te quiero a millones.

Gracias a todo nuestro proceso de "coaching" y a todo el trabajo realizado en equipo he aprendido a amarme, a respetarme, y a creer en mí y en mis sueños, y, lo más importante, a hacerlos realidad.

Por eso estoy aquí, escribiendo este libro para valientes. Para superarme y seguir creciendo, seguir cumpliendo sueños.

Tirar muros, barreras que crea nuestra mente.

Estoy aquí para ayudar a todos los valientes a construir la vida que sueñan, a demostrar que la vida está para cumplir sueños.

Tus sueños.

Sí, tus sueños.

Y que con AMOR todo se puede.

Voy a resumir todos mis desafíos y cómo he podido superarlos y quiero que tú también los superes o encuentres la manera, la forma de cumplir tus sueños.

Si estás aquí, conmigo, leyendo estas líneas, es porque tengo algo para ti que tendrás que descubrir por ti mismo.

GRACIAS, GRACIAS, GRACIAS por estar en este momento.

Aquí conmigo.
Vamos a por más…
Estás preparado, preparada.
¡EMPEZAMOS…
ESTE VIAJE!
¡ADELANTE, VALIENTE!
ERES UN VALIENTE DE CORAZÓN
EHORABUENA POR ESTAR AQUÍ
Y COMPARTIR TODO ESTO JUNTOS
POR HACER ESTE VIAJE
HACIA TU CORAZÓN

¿POR QUÉ DECIDÍ ESCRIBIR ESTE LIBRO?

¿Para qué lo estoy escribiendo?

Lo escribo para compartir mi historia. Para ayudarte, inspirarte, y también para ayudarme y para aportar mi aprendizaje, para que mi mensaje, lo que he vivido y aprendido, sirva para poder aportar valor al mundo.

Lo escribo para mí, para mis hijos, para mi familia y para ti, que lo estás leyendo ahora, mi querido valiente.

Lo escribo para recuperarme y recuperar mi esencia.

La vida te va trayendo obstáculos para que tú crezcas, para que puedas desarrollarte y puedas elegir.

Tenemos la suerte de poder elegir. De poder decidir cómo te quieres sentir, qué quieres comer, qué ropa te vas a poner, qué color de zapatos te vas a comprar.

Estamos todo el día decidiendo constantemente sin darnos cuenta.

¿Qué me dirías si yo te digo que también puedes elegir tus emociones?

Hay reacciones y acciones. Las reacciones son mecanismos automáticos que solo quieren protegernos.

Sin embargo, las acciones las eliges tú.

Tú decides qué acciones haces y cuáles no.

Hacer tiene consecuencias y no hacer también las tiene.

Cuando empiezas a mirarte a ti y a darte cuenta de las cosas que hay que mejorar en uno mismo, empieza un viaje apasionante.

Un viaje de mil millas que empieza por un solo paso.

¿Cuándo decides empezar?

Tú hace mucho que decidiste empezar.

Naciste, estás aquí, aquí ahora.

Y tienes una misión que cumplir.

Tu único trabajo es descubrirla y disfrutar del camino.

Va a haber de todo.

Días grises, días nublados, días borrosos, días mágicos y hermosos. Días que no quieres ver, días que te gustaría no haber nacido y días que lo verás todo con los ojos de "guau, qué día más bonito".

Cuando aprendes a disfrutar del camino, empiezas a enamorarte de todo.

Hay que pasar por todos los procesos.

Somos naturaleza y tenemos que respetarla.

Emocionarnos.

Emocionarnos con ella.

Con la naturaleza.

Conectar con ella y disfrutarla.

Así que respetando la naturaleza nos respetamos a nosotros mismos.

Cuando observas con AMOR, desde el AMOR
todo es posible.

Crea la vida que tú quieres y créala desde
el CORAZÓN.

Nacemos y nos construimos vinculándonos con cada una de las personas que entran en nuestra vida, con lazos de Amor o de necesidad desesperada, de confianza o de miedo, de libertad o sometimiento, de alegría o de tristeza.

> **VIAJA AL CENTRO DE TU CORAZÓN, ALLÍ ENCONTRARÁS LO QUE ESTÁS BUSCANDO.**

Conectarnos a la tierra, ese es el truco.

EL EGO BUSCA RESPUESTAS, EL ESPÍRITU TRANSFORMACIÓN.

TRANSFÓRMATE EN TU MEJOR YO.

En tu mejor amigo, transfórmate en tu propio arte.

Usa tu ingenio y avanza.

Crea tu sueño.

> *EL CORAZÓN NO TE ENGAÑA, ES LIMPIO,*
> *INMENSO, ES AMOR INCONDICIONAL,*
> *UNIVERSAL, REALMENTE ES*
> *EL CANAL DEL ALMA.*

La clave para ser espiritual es ser valiente de corazón.

El AMOR no tiene barreras, cuando hay amor se sigue hasta el final, siempre en línea recta.

La mente nos ha sido dada para tener un vehículo que te permita conectar y experimentar a DIOS, a la energía, al universo.

La finalidad de la MENTE es ser la herramienta de la que nos podemos servir para comprender y expresar conscientemente la experiencia espiritual.

Tú puedes dominar tu mente para poder servirte de ella y avanzar correctamente.

La mente se puede pulir, tú eres el único responsable de la manera de funcionar de tu mente.

Si aprendes a armonizar la mente negativa que solo busca protegerse, supervivencia, verás oportunidades para seguir creciendo y avanzando con coherencia.

Cada día es un regalo.

Disfrútalo.

Siéntelo.

Vívelo.

Compártelo.

Elígelo porque él ya te ha elegido a ti.

HAZ REALIDAD TUS SUEÑOS.

UN VIAJE DE REPARACIÓN

"PODEMOS PERDONAR FÁCILMENTE A UN NIÑO QUE TIENE MIEDO DE LA OSCURIDAD, LA VERDADERA TRAGEDIA DE LA VIDA ES CUANDO LOS HOMBRES TIENEN MIEDO DE LA LUZ".

Platón

NO HAY NADA MÁS PODEROSO QUE LA VERDAD

Mis desafíos, vamos a explicarlos ahora mismo.

¿Por qué digo vamos a explicarlos?

Porque para explicar mis desafíos he tenido que ir a buscar a alguien muy, muy especial.

He tenido que ir a mi interior, a por mi niña interior.

Sin ella este libro no sería posible.

Ha sido mi guía, mi motor, mi fuerza.

He tenido que volver a ella para poder cumplir mis sueños.

Para demostrarle que hoy, ahora, soy una adulta dispuesta a pagar el precio de cumplir sus sueños, que también son los míos.

Estamos unidas, aunque la mente a veces quiera interferir.

Pero no, no voy a permitir que mi guía sea mi mente, sí mi vehículo para llegar a mis objetivos.

La mente es nuestro gran poder si aprendemos a utilizarla, a orientarla, a guiarla, a entrenarla a nuestro favor.

En esta trilogía os voy a explicar cómo hacerlo, cómo conseguirlo, y la maravilla que esto va a suponer para ti, y para todos los que tomen contacto contigo.

Porque primero vas a transformar tu vida si tú quieres y con ello ayudarás a transformar la vida de los demás.

Sufrí la muerte de mi padre con tan solo cuatro años.

Me diagnosticaron epilepsia y durante toda mi infancia y adolescencia estuve con tratamiento para controlar las crisis, y cada dos por tres pruebas y más pruebas. Todavía recuerdo el primer día que me hice una resonancia magnética, qué mal lo pase ahí, era muy pequeña para comprender lo que me estaban haciendo. Sentía que era un bicho raro al que no paraban de hacerle pruebas y más pruebas.

Y venga cables por toda la cabeza con esa pasta pegajosa que dejaba el cuero cabelludo todo enganchado cuando me hacían un electroencefalograma (EEG), que es una prueba no invasiva que permite estudiar la actividad eléctrica cerebral.

Permite el diagnóstico de enfermedades como la epilepsia o algunas demencias de una forma sencilla e indolora, estudia el funcionamiento del sistema nervioso central, concretamente de la actividad de la corteza del cerebro.

Con esta prueba se puede identificar los ritmos normales y patológicos de la actividad cerebral. Las ondas eléctricas normales dependen del estado de vigilia o de sueño.

La parte más importante del cerebro involucrada en la coordinación del proceso de sueño se denomina SAR. Comprende un gran número de células nerviosas del cerebro y es el centro del sistema nervioso central, responsable de regular la vigilia y las funciones vitales durante el sueño.

Con esta prueba se registra la actividad eléctrica del cerebro generada por la comunicación de las neuronas entre sí.

Unos electrodos captan la actividad eléctrica que es amplificada y trasladada a una gráfica que luego es interpretada por el médico.

Un día en el instituto tocaba revisión médica y allí el doctor me dijo que no me preocupara por mis notas, que con toda la medicación que estaba tomando era normal. Eso me relajó y supe que mis malos resultados académicos eran a causa de la medicación que estaba tomando para controlar las crisis epilépticas.

A los quince años me operaron de urgencia, estuve casi un mes con hemorragias y cambiando de tratamientos para poder regular la menstruación sin éxito. Llegué casi sin sangre al hospital, por lo cual me realizaron una transfusión de sangre de dos litros para poder recuperarme.

Dicen que cuando entramos en el quirófano es porque necesitamos cambiar de vibración.

Yo, en mi experiencia de vida, puedo confirmarlo, siempre que he entrado en el quirófano mi vibración ha cambiado.

La última vez que entré en el quirófano fue para una tiroidectomía total, una extirpación de toda la glándula tiroides, a causa de un nódulo tiroideo, que es un crecimiento anormal de las células tiroideas.

Fue algo que yo no me esperaba, porque entré en el quirófano solo para extirpar el nódulo que empezaba a crecer y el cirujano vio que era aconsejable extraerla toda.

Cuando me enteré, no me lo esperaba, recuerdo que desperté y escuché algo por ahí de las enfermeras hablando de no sé qué total, y me dije: "Uy, esto no me mola, no me mola nada, esto de total". Como no podía hablar no puede preguntar.

Después de la operación sufrí una hipocalcemia, una bajada de calcio. Mi hermana me acompañó al hospital, mientras yo iba notando que cada vez me encontraba peor y se me estaba empezando a dormir todo el cuerpo. Me quedé completamente paralizada, solo respiraba, no podía mover nada, no sentía las piernas ni podía mover un solo músculo, lo único que sentí en ese momento fue aceptación, aceptar lo que me estaba pasando, me dije:

"Mary, tranquila, acepta lo que te está pasando y confía, ten FE, mantén la FE, confía en el doctor que acaba de entrar por la puerta, estás en sus manos, confía en él y en lo que te está pasando".

Gracias a eso pude mantener la calma y serenidad.

Siempre que recuerdo ese momento, lo agradezco, porque a partir de ahí mi vida empezó a cambiar, yo empecé a cambiar.

A vivir con mucha más confianza, sin tanta ansiedad, sin ponerme tan nerviosa, tuve la suerte de dar con un gran doctor que me cuidó y supo qué hacer en cada momento, y yo aprendí a aceptar lo que estaba pasando, a aceptar que es mejor aceptar que resistirse.

Así que seguimos caminando, mi querido valiente...

¡Vamos!

TÚ PUEDES

"NO TE RINDAS NUNCA, PORQUE NUNCA SABES SI EL PRÓXIMO INTENTO SERÁ EL QUE FUNCIONARÁ".

Mary Kay Ash

ANSIEDAD

¿Qué es la ansiedad?

La ansiedad es un estado emocional caracteriza-do por sentimientos de temor, tensión y sufrimiento ante un peligro real o imaginario que se supone que va a suceder.

Hasta que fui consciente y acepté que la tenía y quise deshacerme de ella, no empecé a disfrutar de la vida, me costó deshacerme de ella, porque estaba tan acostumbrada a vivir con ella que me daba miedo dejarla, romper mi relación con ella. Tenía dependencia, creía que me ayudaba, hasta que me di cuenta de que no, que no me servía para nada, bueno sí, me ha servido para tener la experiencia y ahora poder compartirla y poder ayudar a quien tenga ansiedad y cómo poder ir poco a poco gestionándola a tu favor, aprender de ella y utilizarla para impulsarte, para cumplir tus sueños.

He superado mi ansiedad, mi timidez, un desamor de mí misma, por no haberme querido lo suficiente y no haber creído en mí. Por sentirme inferior, por sentirme poca cosa, por sentir que yo no era capaz.

He superado mis miedos irracionales, la muerte de mi padre, he logrado cumplir sueños, mis sueños, como escribir este libro, esta trilogía, y lograr ha-cer dos exposiciones de fotografía, y muchas cosas más que iremos viendo por el camino.

Si algo he aprendido es que lo que importa es el camino, no el lugar, la meta. El camino es lo que te hace crecer, lo que te hace sentir, el camino es lo que te hace construirte, el camino es lo que… lo que tú quieras, el camino es lo que tú quieras.

Elige el camino, tu camino, y elígelo bien, elige desde el corazón, desde tu intuición, elige desde tu mayor don, elígelo desde tu centro, desde tu alma, desde tu energía vital, elígelo a cada instante, elígelo sin reservas. Por Dios, elígete, elígete siempre, no permitas que alguien te ponga un nombre que no sea el tuyo, elige tu nombre y haz que te llamen como tú quieres, no como quieran los demás.

Gracias por elegirme, gracias por elegir este libro y gracias por acompañarme en este viaje hacia ti mismo, hacia tu interior, hacia tu corazón. Este es un viaje para valientes, porque es llegar a tu corazón, y para llegar a él hay que ser muy valiente y decirte la verdad, tu verdad, la tuya propia.

Haz de tu historia una verdadera historia de amor contigo mismo, quiérete para poder querer.

Ama.

EL CEREBRO Y EL SISTEMA NERVIOSO

El cerebro es el órgano más misterioso del universo.

El cerebro es como una computadora que controla las funciones del organismo y el sistema nervioso, es como una red que envía mensajes a las partes del cuerpo.

El cerebro es la porción más grande del encéfalo y está formado por dos hemisferios.

El cerebro controla los movimientos voluntarios, el habla, la inteligencia, la memoria, las emociones y procesa la información que recibe a través de los sentidos.

- **Tronco encefálico**. El tronco encefálico se ubica en la base del cerebro y se conecta con la médula espinal. Está conformado por el mesencéfalo, la protuberancia y el bulbo raquídeo.

- **El mesencéfalo.** El mesencéfalo actúa como un conmutador complejo que permite que el cerebro se comunique con el resto del sistema nervioso.

- **Protuberancia.** La protuberancia transmite mensajes desde el cerebro hacia el cerebelo y la médula espinal.

- **Bulbo raquídeo.** Esta parte del tronco encefálico está ubicada justo por encima de la médula espinal. Regula funciones vitales, como el latido del corazón y la respiración.

- **Tálamo.** El tálamo, que está ubicado en la parte central del cerebro, procesa y coordina los mensajes de los sentidos, como el tacto, que recibe el cuerpo.

- **Hipotálamo.** El hipotálamo regula las funciones, como la sed, el apetito y los patrones de sueño. También regula la liberación de hormonas de la glándula pituitaria.

- **Glándula pituitaria.** Esta pequeña glándula produce las hormonas que regulan el crecimiento, la pubertad, el metabolismo, el equilibrio de agua, minerales y la respuesta del cuerpo ante situaciones de estrés.

- **Cerebelo.** El cerebelo ayuda a coordinar los movimientos y a ajustar la motricidad fina y el equilibrio.

- **Médula espinal.** Esta parte del sistema nervioso central se encuentra en el interior y a lo largo de la columna vertebral. Conecta el cerebro con los nervios que llegan al resto del cuerpo.

- **Lóbulo frontal.** El lóbulo frontal está ubicado detrás de la frente y se encarga de gran parte del trabajo del pensamiento complejo, como la planificación, la imaginación, la toma de decisiones y el razonamiento.

- **Lóbulo parietal.** El lóbulo parietal, ubicado detrás del lóbulo frontal, procesa los mensajes relacionados con el tacto, el gusto y la temperatura.

- **Lóbulo occipital.** El lóbulo occipital, ubicado en la parte posterior del cerebro, procesa la luz y otra información visual que recibe de los ojos.

- **Lóbulo temporal.** El lóbulo temporal, ubicado cerca de los oídos, procesa la audición y participa en la recuperación de los recuerdos.

Al momento de nacer, tu cerebro vino con todas las neuronas que tendrás por el resto de tu vida, pero muchas de ellas no están conectadas entre sí.

Cuando aprendes algo, los mensajes viajan de una neurona a otra, una y otra vez. Finalmente, el cerebro comienza a crear conexiones o caminos entre las neuronas, de manera que todo se hace más fácil y mejor.

El cerebro tiene un pequeño grupo de células en cada lado llamado amígdala. La palabra amígdala proviene del latín "almendra", y se utiliza esta palabra ya que esta zona tiene esa forma. Los científicos creen que la amígdala es la responsable de las emociones.

¿QUÉ PUEDES HACER POR TU CEREBRO?

Come alimentos sanos.

Ingiere potasio y calcio, dos minerales importantes para el sistema nervioso.

Haz ejercicio, baila.

No consumas alcohol, drogas o tabaco.

Haz ejercicios que conlleven actividades desafiantes.

Rompecabezas, leer, tocar un instrumento musical, hacer una obra de arte.

Ejercita tu cerebro con todo lo que puedas, hazlo trabajar y funcionar.

Duerme bien.

Aprende algo nuevo cada día como, por ejemplo, palabras nuevas, amplía tu vocabulario y si son positivas mejor.

Juega, juega muchísimo, la ilusión y los valores de la infancia son esenciales para tener juventud de por vida y no olvidar todo aquello que provoca felicidad, vuelve a ser tú.

DESCUBRIENDO SEITAI

Arte… ciencia… intuición… trascendencia… sensibilidad.

La vida es movimiento.

La ausencia de movimiento supone la muerte.

El movimiento es expresión, es salud, es dinámica de convivencia, es creatividad.

El movimiento está en nuestras vértebras, en nuestra psique y en cada una de nuestras células.

La vida mueve el deseo y el deseo mueve la vida.

Al sentir y al observar se va comprendiendo.

SEITAI

Cultura japonesa con muchos beneficios para nuestra salud. Mejora la actividad cerebral, la actividad locomotora y muscular, la actividad digestiva y circulación de la sangre, la actividad excretora y urinaria, mejora la actividad sexual y la regeneración celular.

La respiración se amplía y beneficia directamente la actividad cardíaca. Te ayuda a entrenar y afinar nuestro movimiento espontáneo regenerador y autónomo. Respetando la inteligencia de nuestro propio cuerpo y sus necesidades.

Defiende la naturaleza del propio ser humano, esclareciéndola definitivamente.

Nos permite ir atendiéndola, comprendiéndola y cultivando un respeto a ella, directamente en uno mismo y en la convivencia. Más adelante hablaré más sobre ello.

Es muy interesante, descubriremos los cinco movimientos que necesitamos para vivir y a qué órgano y vértebra pertenecen cada uno.

Gracias al Seitai aprendí a escucharme, a escuchar mi cuerpo, aprendí a reducir tensiones y a tener un diálogo interno conmigo misma, mucho más agradable, respetando todo mi organismo.

Si no se actúa con todo vigor, si se carece de la conciencia de dar la vida a la vida a través de la muerte, no se alcanza la salud. Podría creerse que el ser humano vive por acto de voluntad propio, pero no es así.

Simplemente vive, sin saber por qué. Y ese anhelo espontáneo de vivir no es suyo, sino que es un deseo de la propia naturaleza.

HARUCHIKA NOGUCHI (1911-1976),
FUNDADOR DE LA CULTURA SEITAI.

Gracias al Seitai descubrí mi yo espontáneo y mi yo vestido.

Esto fue muy interesante, creo que es una de las cosas que más me cautivó del Seitai, empezar a distinguir mi yo vestido y mi yo espontáneo. Observándome a mí misma y a los demás me di cuenta de cuándo estaba actuando mi yo vestido y mi yo espontáneo, ¿y sabéis una cosa, mis queridos valientes?

¿Quién de los dos gana? La mayoría de las veces el yo vestido, porque no nos paramos a observarlo con atención y escucharlo para dejar salir a nuestro yo espontáneo. Con el Seitai aprendes a escuchar cada vez más a tu yo espontáneo, y creedme que es lo mejor que nos puede pasar, recuperar ese yo espontáneo que todos tenemos, pero que hemos olvidado y lo dejamos escondidito. Pues un consejo: hay que ir a por él, a recuperarlo, a dejarlo salir y empezar a fluir en él, en el yo espontáneo, tu propia esencia y naturaleza.

TPE. Tensión parcial excesiva

La tensión parcial excesiva sucede cuando durante muchísimo tiempo se ha creado una tensión, por ejemplo, no realizar un deseo.

¿Cuánta gente hay que no realiza sus sueños? Muchísima, también hay muchísima que sí los realiza. Yo apuesto por los que sí realizamos nuestros sueños. No es un camino fácil, sí es sencillo, solo debes conectar contigo, tienes al mejor maestro dentro de ti.

De la tensión parcial excesiva proceden muchísimas enfermedades crónicas, porque cuando algo se tensa demasiado llega un momento en el que ya no hay solución.

Por eso es muy importante que realices tus sueños.

Primero averigua:

¿Qué quieres?

¿Cuál es tu sueño?

¿Estás dispuesto a pagar el precio?

¿Qué precio quieres pagar?

¿El de cumplir tus sueños?

¿O prefieres el de no cumplirlos?

Siempre hay un precio que pagar.

Tú eliges.

Es tu decisión.

Crea un plan para ir a por él y prepárate para empezar un camino con muchos obstáculos, esos obstáculos son los que te hacen crecer y aprender de ti mismo y de los demás.

Disfruta de ellos, tómatelos como un juego: "Qué guay, un obstáculo, aquí tengo algo que aprender, tengo todo un reto, todo un aprendizaje con el que seguir creciendo".

Si algo me daba a mí miedo era crecer. Tenía pánico a crecer hasta que descubrí que crecer MOLA, que crecer es apasionante, y que crecer es para lo que hemos venido a este mundo, a crecer y a hacernos GRANDES.

¡Vamos, valiente! Seguimos caminando...

Crecer es estar VIVO.

Es PASIÓN.

Es GRANDEZA.

Crecer es COMPROMISO.

Tus decisiones tienen que ser de corazón.

Escucha a tu corazón, acallando tu mente.

Ahí sacarás tu verdad.

Tu DESEO.

Tu anhelo.

Tu AMOR.

Desde allí encontrarás el AMOR.

Permítete SENTIR.

Permítete sentir lo que sientes, sin juzgarte.

Permítete sentir todo lo que sientes.

Vívelo.

Vívelo intensamente y déjalo ir.

Suelta y confía.

AMA.

EL ESTADO DE ÁNIMO

El estado de ánimo es una actitud o disposición emocional. No es una situación emocional transitoria. Es un estado, una forma de permanecer, de estar, cuya duración es prolongada y destiñe sobre el resto del mundo psíquico.

Las emociones son las responsables de nuestro estado de ánimo, más que las emociones la creencia que nos hace sentir esas emociones. Y cuando esto perdura en el tiempo se convierte en un estado de ánimo, por eso es tan importante repetir, repetir, repetir.

Cuando estás con un estado de ánimo que no te gusta es porque llevas demasiado tiempo con pensamientos, creencias, que no te ayudan. El truco está en dar la vuelta, volver a reprogramarte y esta vez decirte:

"¿Qué estado de ánimo quiero sentir?".

Y empezar a sentirlo. Es un trabajo, no es fácil, requiere de mucho tiempo y paciencia y, sobre todo, mucho amor, amor hacia ti y hacia tu nuevo estado de ánimo.

Es importante mantener un buen estado de ánimo para sentirnos bien, para cada día sentirnos mejor, para cada día tener la fortaleza de elegir cómo te quieres sentir.

Las emociones negativas están para darte impulso, para escucharlas. Siéntelas, escucha de qué te vienen a informar y déjalas ir.

Es un entrenamiento importante averiguar, enfrentar tus creencias, saber identificarlas y saber gestionarlas para que vayan a tu favor.

El mundo emocional me interesa, es sorprendente el mundo de los intangibles.

Por eso decidí hacer un máster de ecología emocional. Primero para reconocer mis emociones, aprender a gestionarlas y para realizar un trabajo de autoconocimiento emocional.

Si te interesa el mundo emocional y de los intangibles, recomiendo este máster creado por Merçè Conangla y Jaume Soler.

Más adelante veremos el mundo de las emociones y cómo pueden ayudarnos, es más, las emociones están para ayudarnos. Todas las que te gustan y las que no te gustan tanto también están para ayudarte.

Las emociones son grandes maestras.

CONFIANZA

SOLO HACEN FALTA TRES PALABRAS PARA QUE UN SUEÑO EMPIECE: CONFÍO EN MÍ.

CONVIÉRTETE EN TI

Haz realidad lo que sueñas, aunque tengas miedo y momentos de desesperación.

En esos instantes hay que estar muy atentos y escucharse.

Escucharse con corazón. ¿Qué es el corazón?

El corazón te permite experimentar la intuición, que nos lleva al pensamiento y a la acción correcta.

El corazón te permite experimentar la intuición, que nos lleva al pensamiento y a la acción correcta.

El corazón te permite experimentar la intuición, que nos lleva al pensamiento y a la acción correcta.

Sí, lo has leído bien, tres veces, lo he escrito así a propósito.

Porque todo se nos queda por repetición y esta frase para mí es muy importante, es muy importante conectar con el corazón.

> **EL CORAZÓN TE PERMITE EXPERIMENTAR LA INTUICIÓN, QUE NOS LLEVA AL PENSAMIENTO Y A LA ACCIÓN CORRECTA.**

Ahora entra en tu corazón y pregunta qué ha funcionado y saldrán todas las maravillas de la vida.

A veces necesitamos o creemos que necesitamos cosas externas para ver nuestro progreso y en realidad lo que necesitamos es convertirnos en nosotros durante el camino.

Aquello que sueñas y tanto miedo te da es lo que más deseas.

¿Y qué es un deseo?

¿Qué pasa si un deseo no se cumple?

Y el miedo, ¿qué es el miedo?

Cuando hablo de miedo, hablo del miedo irracional, el que imagina nuestra mente o, incluso me atrevería a decir, el que es producto de nuestra inseguridad y carencias.

En nuestras carencias se encuentra nuestro mayor tesoro.

Porque es allí donde hay que trabajar, las creencias que necesitas cambiar para que tu sueño te atrape a ti.

Lo que crees creas, y no es una frase hecha, lo he comprobado por mí misma.

Hay dos situaciones, dos polos: positivo, negativo.

Cuando crees que algo no tan bonito te puede pasar se acaba cumpliendo, y también cuando crees en algo bueno para ti, si lo crees de corazón, lo creas y aparece en tu vida.

Tanto si te gusta como si no, lo que crees, creas, para bien o para mal.

El significado que tú le des a cada situación dependerá de en qué te estás enfocando.

Tú eliges dónde quieres vivir, si en el AMOR o en el miedo.

Siempre me he cuestionado por qué la gente deja de hablarse, eso es algo que me ha llamado mucho la atención, porque no lo comprendo.

Dejar de hablar a alguien para mí es como dejar de hablarte a ti. El daño te lo haces a ti, aunque parezca todo lo contrario.

Porque siento que cuando alguien deja de hablarte tiene un conflicto interno del que no se ha hecho responsable y culpa al otro, tanto si te dejan de hablar o eres tú el que deja de hablar.

La comunicación es una de las cosas más importantes de las que podemos disfrutar, una buena comunicación te da autoestima, te da amor y te da amistad. Te relacionas y creces.

Aprendes, das y recibes.

La comunicación es necesaria y necesita acción. Necesita de dos o más que quieran comunicar y de dos o más que quieran escuchar.

Compartir, comunicar es compartir.

¿Qué pasa si falla la comunicación?

Que se crean películas mentales y la mente hace un culebrón, porque, lo creas o no, a la mente le gusta contarse películas.

Cuando tienes miedo a que se cumplan tus sueños, te autosaboteas y falla la comunicación contigo mismo.

El mayor error, no hablar contigo, no comunicarte contigo.

No saber quién eres, qué te gusta, qué te atrae, qué das, qué es lo que más valoras.

Tus valores, conocer tus valores es superimportante.

Digo los tuyos, los tuyos propios.

Porque cuando fallas a tus valores ahí es cuando empieza una lucha contigo mismo.

Y me refiero a si fallas a tus valores por agradar a otro, por encajar.

Tú eres tú y eres único. No necesitas parecerte a nadie.

LA AUTOESTIMA

¿Qué es la autoestima?

Aprecio o consideración que uno tiene de sí mismo.

La autoestima es un conjunto de percepciones, pensamientos, evaluaciones, sentimientos y tendencias de comportamiento dirigidas hacia otras personas, hacia su manera de ser y hacia los rasgos de nuestro cuerpo y nuestro carácter.

Es la percepción evaluativa de nosotros mismos.

Carl Rogers, máximo exponente de la psicología humanista, expuso que la raíz de los problemas de muchas personas es que se desprecian y se consideran seres sin valor e indignos de ser amados.

Autoestima para mí es darte amor a ti mismo.

¿Y cómo se hace eso?

Pues muy fácil.

¿Qué te gusta?

Tomarte un café con tus amigos, eso es autoestima.

Leer un libro, eso es autoestima.

Dormir, eso es autoestima.

Ir a correr, eso es autoestima.

Pasear por la playa, eso es autoestima.

Cada día podemos darnos autoestima a cada momento si queremos y somos conscientes de ello.

¿Para qué?

Para ser felices y así hacer feliz a los demás.

Porque si tú no eres feliz, no puedes dar felicidad.

Porque por muy loco que parezca, tú sientes amor cuando das, no cuando recibes, cuando recibes te sientes valorado, te sientes querido, correspondido.

Pero AMOR, AMOR sientes cuando das.

Y si no te das a ti, no puedes dar a los demás.

¿Qué deseas en tu vida?

¿Qué vas a hacer para que eso suceda?

Lo único que funciona es la acción.

Acción hacia tus sueños, aunque cueste, aunque tengas dudas, aunque se te acelere el corazón y empieces a sudar.

Todo eso te avisa de que tu deseo te importa.

Enamórate de tus sueños, cree, confía y ten fe.

FE = Fuerza de espíritu = Acción.

MUÉVETE.

> **EL CORAZÓN TE PERMITE EXPERIMENTAR LA INTUICIÓN, QUE NOS LLEVA AL PENSAMIENTO Y A LA ACCIÓN CORRECTA.**

Soñar es de valientes, soñar hace Valientes.

Sueña y haz que tu sueño brille y que cada noche al acostarte puedas decir:

"HOY GANÓ MI LUZ".

¿Cómo sabes que ha ganado tu luz?

Porque te sientes en paz y con una sensación de bienestar increíble. Porque actúas de corazón, y si actúas de corazón nada puede ir mal.

Porque tu paz viene de dentro, no de algo externo.

Y eso solo puede sentirse cuando sientes esa paz, cuando tienes la experiencia.

Acalla tu mente y escucha el latido de tu corazón.

El latido universal, todos somos uno.

Estamos conectados porque pertenecemos al mismo mundo, lo único que nos separa son las creencias, Nuestra Mente. Aprendiendo a ver cómo funciona nuestra mente podrás también identificar qué creencias están controlando tu vida.

¿Vas a dejar que algo que te preocupa dirija tu vida?

La preocupación está, existe, no se puede evitar, lo que sí podemos es gestionarla y darle un significado diferente.

Porque cuando te preocupas pierdes cualquier don y te desconectas de tu esencia.

Tu esencia la encontrarás en tu corazón, no hay otro lugar para encontrarla.

Solo debes escucharla y, una vez la sientas, obedecerla, aunque en ese instante, momento, no entiendas lo que te está diciendo y el porqué. Tú solo obedece y actúa, después solo queda confiar y soltar.

Y así aprendes a gestionar la incertidumbre, la incertidumbre es necesaria y es importante porque te da adrenalina y emoción.

Sin incertidumbre todo sería predecible.

¿Te imaginas?

Qué aburrido sería todo si ya sabes qué va a pasar.

Sé que la incertidumbre muchas veces crea ansiedad y muchas cosas más que no sabemos identificar ni gestionar.

La incertidumbre es necesaria para crecer, conocerte y sentir emociones, es un regalo que la vida te da, siempre y cuando se sepa gestionar.

Es como una serie que termina el capítulo con... Y tienes que esperar hasta el siguiente capítulo para saber qué va a pasar y todo eso te crea incertidumbre y emoción.

IMAGINA.

La imaginación,

qué GRANDE es la imaginación.

A mí me encanta imaginar,

¿y a ti?

¿Te gusta imaginar?

Cada día imagino. En la imaginación está todo, puedes crearlo todo, y todo eso te pertenece.

Cuando imaginas creas tu mundo, tus sueños, tu realidad y hasta me atrevería a decir que cuando imaginas… Vives.

El reflejo del exterior que se nos queda dentro es una parte de nosotros que está sin curar.

Lo negativo y el rechazo que sentimos por los demás es un reflejo, un espejo nuestro de alguna parte de nosotros que tenemos que querer, que aceptar, que perdonar. Las heridas que se quedan abiertas vuelven a salir si no se han curado a su debido tiempo.

Hace falta AMOR, mucho AMOR,
para poder sanarlas.

Valentía para enfrentar y superarlas.

Para rectificar y seguir el camino que nos
haga felices.

Las heridas hay que sanarlas, hay que quererlas
y aceptarlas.

Solo así encuentran la manera de fortalecernos y
hacernos crecer.

Cuando creces, vives, vives desde la aceptación,
desde el AMOR.

Crecer es estar VIVO.

Es PASIÓN.

Es GRANDEZA.

Crecer es COMPROMISO.

Tus decisiones tienen que ser de corazón.

Escucha a tu corazón, acallando tu mente.

Ahí sacarás tu verdad.

Tu DESEO.

Tu anhelo.

Tu AMOR.

Desde allí encontrarás el AMOR.

Permítete SENTIR.

Permítete sentir lo que sientes, sin juzgarte.

Permítete sentir todo lo que sientes.

Vívelo.

Vívelo intensamente y déjalo ir.

Suelta y confía.

AMA.

Lo único que tienes que hacer es AMAR.

AMAR todo lo que eres y confiar en la vida.

Si tú eres feliz, la vida te dará mucha felicidad.

Imagínate estar aquí o aquí, aquí, ahora, solo respira y siente.

Contacta contigo mismo, con tu respiración.

RESPIRA

DESEO

¿Qué es un deseo?

Es algo que no tienes, pero te gustaría tener. El deseo marca tu camino, cuando desees algo debes saber que ya está contigo y tienes que empezar a verlo con el ojo de tu imaginación.

Poco a poco irá cogiendo color y solidez y podrás verlo en el plano físico, siempre y cuando tomes acción y pongas la energía necesaria para que tu deseo entre en tu vida.

Cualquier cosa que desees en realidad es un aviso de que ya se creó.

Desea lo que sea necesario y después ama lo que deseas.

Enfócate en lo que quieres lograr.

Ser conscientes de que lo que crees creas no es fácil, pero siento que con simplemente darte cuenta de a qué emoción te estás conectando puedes vivir tu día de una forma u otra.

No todo depende de nosotros, siempre habrá cosas, situaciones externas, que nos pueden desequilibrar, ese instante es el más difícil y a la vez la oportunidad de elegir.

¿Estoy dispuesta a aceptar que esto que no depende de mí me influya y contamine mi clima emocional?

¿Dónde pongo el foco?

¿En mí o en el otro?

Somos energía y en función de con quién pases más tiempo y su energía emocional así vibrarás tú también.

Así que rodéate de gente que aporte bienestar a tu vida.

Tú eres el que decide con quién quieres compartir tu vida.

La energía siempre fluye.

Enfócate siempre en el Progreso.

Si tus sueños son grandes es porque tu capacidad de lograrlo también lo es, tú puedes lograr tus sueños.

Los sueños son exclusivamente tuyos.

Créalos.

Descubre tu belleza.

La oportunidad de tu esencia.

Crea una vida de verdadera belleza.

Siéntela.

Experiméntala.

Prueba.

Ama.

Comparte.

Vive tu vida.

AYUDA CON TUS HABILIDADES
Y FORTALEZAS.

DESCÚBRETE, CONECTA Y APRENDE.

COMPARTE TU PASIÓN.

ENRIQUECE VIDAS.

Comparte tu amor, cuenta tu historia.

Cree en el valor que ofreces, tú puedes marcar la diferencia, toma conciencia de todo tu potencial, confía en tu belleza, crea tu propia historia de éxito.

Sé un soñador y soñadora, ten sentido de grandeza, visualízalo en tu mente, sea lo que sea.

Sé siempre tú mismo, pero cada día mejor.

TIMIDEZ

Sensación de inseguridad o vergüenza en uno mismo que una persona siente ante situaciones sociales nuevas y que le impide o dificulta entablar conversaciones y relacionarse con los demás.

La timidez es un estado de ánimo que afecta a las relaciones personales. Se la considera una pauta de comportamiento que limita el desarrollo social de quienes lo experimentan dentro de su vida cotidiana.

Si algo he aprendido sobre mi timidez y la timidez es que las personas tímidas lo único que quieren es que las descubran, y hasta que no se dan cuenta de que solo se pueden descubrir ellas mismas no se pueden mostrar tal como son.

Esta es la única forma o manera que conozco de superar la timidez.

Conociéndote a ti misma y enamorándote de ti.

¿Cómo se hace eso?

Con acción, con acciones hacia lo que tú quieres, escucharte con atención y una vez sepas que quieres ir a por ello, con confianza, y mucho amor.

El amor viene de la confianza.

> **HAY QUE SER VALIENTE DE CORAZÓN,**
> **ENTREGARTE, SI YO SOY CAPAZ,**
> **LO HAGO, CORAJE,**
> **CORAZÓN POR DELANTE.**

Y así encontrarás tu pasión y dejarás que ella te encuentre a ti.

Recuerdo la frase de una película que vi cuando niña que decía así…

"A veces, a solas y en la oscuridad, se ven las cosas más claras".

Aprende a escucharte, a estar en silencio, a comunicarte contigo, con tus necesidades, con tus sueños, aprende a confiar en ti y en todo lo que te está pasando.

A lo largo de mi vida he aprendido que lo que más duele o lo que más nos hace daño es lo que no se hace y lo que no se dice. Hay que saber escuchar las palabras que no se dicen y las acciones que no se hacen, porque ahí está el verdadero problema o bloqueo, en todo lo que, por el motivo que sea, ni se dice ni se hace, eso crea sufrimiento.

¿Cómo se puede parar, disolver el sufrimiento?

La respuesta está en ti, buscarla fuera solo te traerá más sufrimiento.

Búscala en ti y verás cómo todo es posible.

Sé realista, cree en los milagros.

Crea tus propios milagros.

¿Y qué es un milagro?

Un milagro es un regalo que llega sin esperarlo, cuando te llegue solo tienes que aceptarlo y agradecerlo, y así llegan a tu vida muchísimos más.

Las decisiones que tomas en tu vida son las que te llevan a un lugar o a otro.

La gestión emocional es superimportante porque las emociones son las responsables de tus decisiones. Aprende una buena gestión emocional y tus decisiones serán completamente distintas.

Una decisión es ese instante en el que tú quieres algo y decides ir a por ello, aunque tengas miedo. Acción, una decisión necesita acción.

Movimiento es decir "lo hago ya".

La vida es movimiento.

Abre caminos.

¿Qué es un camino?

¿Cómo se abre un camino?

El camino se abre con amor.

¿Qué es el amor?

El amor es dar, es un viaje hacia ti mismo. Los demás están para ayudarte a encontrarlo en ti, para después poder darlo sin condiciones.

Respondiendo a mi pregunta anterior de "¿qué pasa si un deseo no se cumple?".

Si un deseo no se cumple aparece la tristeza, el desánimo, la rabia, la confusión, y puedes entrar en un círculo vicioso de machacarte y no sentirte merecedor de tu propio deseo.

Tu tensión parcial excesiva (TPE) se bloquea y eso trae enfermedades y malestar emocional.

Los deseos están para cumplirse, hay que hacerlos realidad desde el amor y con constancia.

Un deseo que sea tuyo, un deseo que te haga feliz a ti y puedas compartirlo con los demás, pero que no dependa de otro.

Porque si no aparece la dependencia emocional.

Y la dependencia emocional se confunde con el amor.

El amor no duele, lo que duele es la dependencia emocional, depender de que alguien te quiera.

Tú solo tienes que encargarte de amar y compartir tus dones, lo demás llegará sin esperarlo y ahí tienes que estar preparado, preparada, para recibirlo y amarlo.

A veces los deseos nos llegan y no sabemos qué hacer con ellos, porque nos da miedo, porque te acojonas y no sabes gestionarlos, porque cada uno sabe su por qué y para qué quiere su deseo.

Solo escúchate y agradece.

Para tu mente, tu mente negativa. Está para ayudarte, está para que te superes, está para avisarte de que tengas cuidado, pero que busques en tu ingenio la forma, la manera de conseguirlo.

Cuando te sientes destrozado, desilusionado, es porque tu deseo no se cumplió. Mira dentro de ti y averigua en ti qué es lo que te impidió cumplir tu deseo.

Quizás un inconveniente externo y tiraste la toalla, quizás un imprevisto que no supiste gestionar o quizás un "no" de alguien, que te impidió cumplir tu deseo.

Porque simplemente tu deseo querías compartirlo con alguien y no surgió.

En ese momento tienes que ser muy valiente, supervaliente, y amarte, amarte lo suficiente para hacerte responsable de tu parte. Y si tú hiciste todo lo posible, entonces debes mantenerte en paz y agradecer ese "no" como una oportunidad de crecimiento, de autoconocimiento, de superación y aprender a gestionar la frustración.

La frustración es una acción o una no acción sin el resultado esperado, sin tus expectativas realizadas. Imposibilidad de satisfacer un deseo o una necesidad, sentimiento de tristeza, decepción y desilusión que esta imposibilidad provoca.

¿Realmente ha dependido solo de ti?

Entonces por qué te machacas, por qué te castigas tanto.

Agradece la experiencia y sigue adelante, esta vez con un cambio de enfoque y con más entusiasmo, sigue siempre queriendo realizar tus deseos.

Un deseo solo llega a cumplirse cuando tu niño interior y tu adulto llegan a un acuerdo.

Un deseo solo llega a cumplirse cuando tu niño interior y tu adulto llegan a un acuerdo.

Un deseo solo llega a cumplirse cuando tu niño interior y tu adulto llegan a un acuerdo.

UN DESEO SOLO LLEGA A CUMPLIRSE CUANDO TU NIÑO INTERIOR Y TU ADULTO LLEGAN A UN ACUERDO.

Porque solo ahí es donde termina el conflicto y tu deseo te alcanza a ti.

Cree en ti y en tu deseo.

Todo es posible.

¿Qué hacer cuando tu deseo te da miedo?

¿Cuando tu sueño te da miedo?

¿Cuando te da miedo que se cumpla?

Y te da miedo que se cumpla porque lo deseas tanto que te da miedo que se cumpla y que no se cumpla.

Los seres humanos somos contradictorios por naturaleza, y eso es lo que nos hace ser únicos, especiales, divertidos, complicados, raros, que estemos como una cabra, etcétera.

Soltar lo que deseas y soltar lo que te da miedo, simplemente dejar sentir lo que sientes y soltarlo.

Dejar ir puede que sea la experiencia más difícil, cuando consigues dejar ir tu deseo es cuando llega la magia.

Eso es FE.

DEJAR IR ES FE.

Dejas ir tu deseo y entonces él te alcanza.

Da gracias antes de obtenerlo.

Agradece y suéltalo.

Déjate llevar por la experiencia.

Siéntete protegido y actúa.

Aprende a gestionar el vacío.

EL VACÍO ES EXISTIR

El vacío.

¿Qué es el vacío?

Es un instante, un algo que flota, o al menos esa es mi sensación.

Vacío es no saber nada, vacío es sentir una sensación de incertidumbre y fe al mismo tiempo, es… el vacío si sabes escucharlo es silencio.

Y el silencio es sentir.

Así que mi percepción del silencio es vaciar para volver a llenar.

Vacío es existir.

El vacío es una oportunidad.

En el vacío también puedes encontrar la magia, la magia de maravillarse, amarse, AMOR, la grandeza, la gratitud, la ilusión, la inocencia, la inteligencia y la acción.

He tenido que encontrar el silencio para
poder hablar.

¿Cómo?

Escuchando

el mar,

la brisa,

el aire.

Sintiéndolo, siente el aire.

Siente el frío,

el calor,

la vida,

la verdad.

Acepta lo que estás sintiendo.

Si te hace daño, déjalo ir, si te emociona, vívelo y
ánclalo para recordarlo cuando te haga falta.

La vida te quiere.

Disfruta la vida.

Crea tu día desde el AMOR.

Tus contradicciones son tus esperanzas.

Piensa esta frase: ¿Alguna vez has sentido contradicciones? Estoy segura de que sí.

Los humanos somos contradictorios.

Ama tus contradicciones.

Están ahí para que tengas esperanza.

Fe.

Para que tengas Fe.

Aceptación.

Cuando aceptas lo que es, todo está bien.

Cuando aceptas, aceptas.

Acepta lo que hay, lo que tienes. Después ESCÚ-CHATE con corazón y sigue tu camino.

Nunca te rindas, haz paradas, pero nunca te rindas.

Una vez escuchas a tu corazón ya no hay vuelta atrás.

Has de seguirlo. Tienes que seguirlo.

Síguelo con FE.

Él va delante de ti.

Confía y suelta.

PERSPECTIVA

"LOS ANALFABETOS DEL S. XXI NO SERÁN AQUELLOS QUE NO SEPAN LEER Y ESCRIBIR, SINO AQUELLOS QUE NO PUEDAN APRENDER A DESAPRENDER Y REAPRENDER DE NUEVO".

Alvin Toffer, doctor de leyes y ciencia

FOTOGRAFÍO EL CAMINO

Todo es aprendizaje, todo se puede mejorar y todo es un milagro.

Cuando aprendes a ver la vida desde otra perspectiva todo cambia.

Lo voy a demostrar con una fotografía.

Esta fotografía que parece una gran piedra o montaña no es más que una pequeña piedrecita que había en un muro, yo solo tuve que cambiar mi perspectiva con la cámara de mi móvil.

Y conseguí esta fantástica fotografía. A mí me encanta.

¿Por qué digo todo esto? Porque mi experiencia me dice que la mente trabaja como una cámara de fotos.

Tienen el mismo mecanismo.

La cámara es como una cabeza, ojo y corazón.

Es muy sencillo y ahora te lo voy a explicar.

Una cámara…

Es un ojo, cabeza y corazón.

Consta de las siguientes partes: visor, obturador, diafragma e ISO (sensibilidad de la película).

Diafragma es lo que controla la luz que entra en la cámara. Yo lo comparo con los pensamientos.

¿Qué pensamientos dejas entrar en tu cabeza?

El obturador es el tiempo que permite que esa luz esté dentro de la cámara, es decir, ¿cuánto tiempo permites que tus pensamientos estén en tu cabeza?

El ISO es la sensibilidad de la película, que yo lo comparo con las emociones.

Solo hay dos emociones principales, miedo o amor. Todas las demás surgen de estas dos principales.

Ahora observa con cuál te conectas tú más, porque cuando estás en miedo, estás en mente, y cuando estás en amor estás en alma.

¿Cómo estás mirando tú la película?

¿A qué sensibilidad te estás conectando?

¿Desde el AMOR o desde el miedo?

¿Desde la luz o desde la oscuridad?

La fotografía nocturna es una maravilla porque relaja, te ayuda a saber esperar, a saber ser constante, persistente, y, sobre todo, es mágica.

Es mágica porque permite ver luz donde solo hay oscuridad.

A mí me fascinó, me fascinó desde el primer día que la practiqué, y desde entonces me tiene atrapada, porque me ha ayudado a tener paciencia, a saber esperar el tiempo exacto para cada cosa, a mantenerme en equilibrio y a disfrutar del momento presente.

En esta trilogía voy a hablar de fotografía. La vida es una fotografía. Yo utilizo la fotografía y la escritura para expresarme, las uno para crear un mensaje, para aportar un mensaje, mi mensaje.

La fotografía siempre ha formado parte de mi vida, porque me permite experimentar sensaciones y poder mostrarlas, poder comunicarme a través de ella.

Es capturar, capturar un instante, un recuerdo que se queda revelado para siempre, y…

¿cuánto vale un recuerdo?

Por eso comparo la cámara con la mente.

Cuando empecé a investigar sobre la mente, me di cuenta de que tenía mucho en común con la fotografía, con la manera de funcionar de una cámara.

Una cámara es una caja oscura que deja pasar la luz en el tiempo preciso para que la imagen sea registrada a través del objetivo por un sensor o película.

Cada elemento tiene una misión, la imagen recogida por el sensor es procesada por un chip y se almacena en un soporte de almacenamiento durante el proceso.

Fotografiar me hace conectar conmigo, con el mundo y con los demás, porque comparto mi experiencia.

Fotografío el camino.

MIS PROYECTOS

Yo quiero hacer esto y yo soy responsable de las acciones.

Escojo el poder y lo hago, pido con empatía para que la otra persona gane, soy responsable de mi sueño, ganamos todos.

Yo elijo dónde quiero vivir, estoy a tope, elijo el amor, lealtad, soy fiel a mí misma, a lo que siento, sin sentirme culpable.

Yo puedo, yo soy capaz, cojo las oportunidades para crecer, para aprender, oportunidades que me acercan a mi sueño, lo vivo como una aventura.

El miedo se convierte en mi mayor fuerza, adrenalina, lo hago porque ese día puedo generar oportunidades.

Si una persona me hace daño, lo digo, yo confío 100% en mí, tengo mente abierta, autocontrol, lealtad, amistad, espiritualidad. Me siento parte de algo más grande. El pasado es mi mayor aprendizaje, bagaje y fortaleza. Descubro mis potenciales con empatía, justicia, igualdad. Soy inteligente, me hago responsable de mi aprendizaje y lo utilizo a mi favor y a favor de los demás.

Soy ternura, alegría y amor. Doy las gracias por todo, me comunico, actúo, soy congruente, apuesto por mí, sueño en grande, merezco realizar mis sueños, soy capaz, lo hago. Todas esas cualidades ya las tengo dentro, las refuerzo leyéndolas cada día, me identifico.

Soy unión, familia, corazón, equilibrio, control, esfuerzo, apoyo, alivio, juego, claridad, confianza, respeto, paciencia, solución, gratitud, amor, amistad, confianza, ejemplo, admiración, sabiduría, ayuda, honestidad, valor, protección, esperanza, enseñanza, constancia, voluntad, fe, paz, orientación, generosidad, fuerza, integridad, compromiso, superación, conexión, perdón, lección, relajación, conocimiento interno, bondad, camino. Doy, recibo, río, suelto, soy ilusión, seguridad, palabras positivas, colaboración, compromiso.

Me comprometo conmigo misma, soy transparente, conecto con mi esencia, ajusto mi visión, máxima obertura, máxima oclusión, intención concreta, ganancia, enfoques sin filtros. Me expongo con amor, ajusto la obertura, hago un nuevo enfoque cada vez que la situación cambie, enfoco bien y consigo el encuadre deseado con precisión, equilibrio.

Por el camino puede haber cambios, los ajusto y busco solución con mi nueva visión, cambio las gafas, elijo el plano que quiero, busco el encuadre perfecto, la angulación y el movimiento adecuado, la luz, el contraste, y expongo. Soy continuidad, composición, contenido, posición, movimiento, eje en acción, mirada, plano contra plano, campo contra campo, iluminación. Creo un clima de excelencia, automotivación me centro en el proceso y disfruto del trayecto.

Me subo al tren de la oportunidad.

Y... ¿qué somos?

Somos más de lo que nos han hecho creer.

O de lo que hemos creído de nosotros mismos.

A veces te pierdes, te dejas llevar por las circunstancias externas. Y dejas de ser tú mismo.

Exactamente no tengo claro todavía por qué hacemos eso. Yo diría que por proteger nuestras necesidades básicas.

Por protección,

por seguridad, por miedos, por ignorancia.

Hay una vida que tenemos y tenemos que saber aprovecharla.

Cada minuto es importante.

Es superimportante que te des cuenta de ello.

Tu tiempo es mágico y hay que aprender
a entrenarlo.

A entrenarlo a tu favor.

A crear la vida que tú quieres.

No es fácil, pero sí que es sencillo.

Solo requiere entrenamiento.

Entrenamiento mental. Y mucho AMOR.

ORGANIZACIÓN

¿Sabes organizar tu vida?

¿Cómo te gustaría que fuese tu vida?

¿Qué vas a hacer para que eso suceda?

Muchas veces me he frustrado porque las cosas no salían como yo quería.

Era muy impaciente y lo mandaba todo a la mierda, reaccionando de manera impulsiva, o, todo lo contrario, de manera pasiva.

Y era superimpaciente. Todo ya, rápido y al momento.

¿Qué es la impaciencia?

¿Alguna vez te has sentido impaciente?

Que te impacientas por algo que tú quieres que suceda ya.

Y como no pasa cuando tú quieres ni en el momento que tú crees que necesitas, te impacientas y pierdes el control.

Y a partir de ahí empiezan todos tus problemas o circunstancias que no son tan agradables, circunstancias que no te gustan tanto.

Para eso hay que aprender a hacer una muy buena gestión emocional.

¿Y qué es la gestión emocional?

Gestionarse uno mismo. Autoconocimiento y compromiso contigo mismo, con querer conocerte y amarte para poder después compartir tus emociones con los demás.

Para poder dar lo mejor de ti, primero a ti mismo, después a los demás y después al mundo.

¿Y TÚ? ¿Sabes gestionarte?

¿Identificas qué te pasa en cada momento?

¿Qué estás sintiendo y qué te está pasando
interiormente?

Muchas veces no sabemos qué nos sucede, simplemente sabemos que no nos sentimos bien, no nos encontramos bien, algo no está funcionando bien, y a aun así seguimos un día y otro "tirando", como dicen por ahí en la calle. Cuando te encuentras con alguien es lo que te dicen: "Tirando, luchando por la vida". Muy poca gente te dice… "Estoy genial".

¿En qué te distraes tú?

Muchas veces nos olvidamos de las cosas importantes y nos distraemos por el camino.

Distraerse mola, está bien, relaja, puede relajar y puede servir para disfrutar del camino y ser feliz.

Cuando te distraes, no piensas, te distraes y punto.

A veces al distraerte también suceden cosas que no esperas, a veces al distraerte también te encuentras.

LAS RESISTENCIAS

¿Alguna vez te has resistido a alguna cosa?

¿Y qué ha pasado?

¿Te has parado a pensar en ello?

Si es así, observa.

Si no, te pido que lo hagas ahora.

Piensa en algo que se te ha resistido.

¿Qué pasó?

¿Qué cosa o situación se te repite constantemente?

Esta hoja es para que lo escribas, no sigas leyendo, hazlo.

Escribe lo que se te resiste.

Sé que eres valiente, estás aquí, conmigo, leyendo un libro para valientes.

Vamos. ¡Estoy contigo! Lo estás haciendo bien.

Te espero en las siguientes páginas.

RESISTENCIAS

1 -

2 -

3 -

4 -

5 -

6 -

7 -

8 -

9 -

10 -

Hola, mi querido valiente. ¿Cómo estás?

¿Qué tal tus resistencias?

¿Las has escrito o todavía no lo has hecho?

Si las has escrito, enhorabuena, y si no, pues también enhorabuena. Son tus resistencias y depende de ti si quieres vencerlas o no, o si todavía necesitas más tiempo, más conciencia o simplemente más ganas de hacerlo.

¡Seguimos caminando!

¡¡¡GRACIAS!!!

Gracias por caminar conmigo, por seguir aquí, acompañándome en este viaje para valientes.

Valientes de CORAZÓN.

¿Sabes una cosa? Me alegro, me alegro mucho de todo lo que he vivido, porque eso me permite estar aquí, aquí hoy contigo, mi querido amigo VALIENTE.

Y ahora me apetece compartir otra fotografía, una molona.

Si un *Stop*, un *Stop* para tus resistencias, para que las localices, las aceptes y las puedas combatir.

¿Sabes una cosa? Para combatir algo primero debes conocerlo, porque, si no, es mucho más difícil poder combatirlo.

Esta fotografía tiene truco, un truco que me ha enseñado a ver mi amiga Consuelo.

Un día me dijo: "¿Te has dado cuenta de que *STOP* si lo lees al revés es *POTS*?". Y *pots* en catalán quiere decir PUEDO.

Así que un *STOP* lo único que te quiere decir es que pares, te reconozcas, te escuches y te dice que tú puedes, tú puedes. Así que tú puedes, mi querido valiente.

¿Qué puedes aportar tú?

¿Alguna vez te has hecho esta pregunta?

Al final de este libro te voy a dejar una página en blanco para que puedas escribir qué puedes aportar tú.

Ahora ves pensando sobre ello, reflexiona, observa y siéntelo.

Todavía falta mucho camino que recorrer.

¿Qué pasa cuando sientes que el camino que has recorrido no era el que tú querías, el que tú habías soñado? ¿Que tu vida no está como tú la habías soñado de niña, niño?

Llegué a un punto de mi vida en el que me sentí así.

¿Te ha pasado alguna vez que tienes la sensación de que lo tienes todo y, sin embargo, no eres feliz?

Así estaba yo, lo tenía todo y no era feliz.

Algo no iba bien. "¡Qué egoísta eres!", me decía a mí misma.

Empecé un diálogo interno que no me ayudaba nada, todo lo contrario, me hacía sentir cada vez peor.

Me di cuenta de que lo único que necesitaba era comprenderme.

Ahí empezaron a salir mis necesidades no cubiertas. Todas mis carencias y duelos que no había gestionado en su momento.

Me di cuenta de que no sabía gestionar, identificar, mis emociones.

Era incapaz de gestionarlas bien, todo lo contrario, parecía un volcán en erupción todo el tiempo.

Sentí que o empezaba a cambiar mi comportamiento, mi diálogo interno, o sino cada día sería todavía peor.

Así que empecé una técnica que me fue genial. Empezó como un juego y poco a poco me di cuenta de que a mí me funcionaba y que me estaba dando resultados sorprendentes.

Empecé a escribirme a mí misma cartas, me escribía cartas. Te motivo a que lo hagas, a que te escribas cartas a ti misma, a ti mismo.

Cartas de cómo te sientes, de qué quieres, para qué lo quieres, comprenderte, sensaciones y, cómo no, mis cartas todas tienen títulos relacionados con el mundo fotográfico.

Enfoque

Objetivo

Diafragma

Perspectiva

Revelado

Obturador

Cuerpo

Espejo

Distancia focal

Entrega

Riqueza

Confianza

Apertura

Creación

Emociones

Autoconfianza

Amor

Sentí que tenía que hacer un *Stop* y realizar mis sueños.

Empecé mi proceso de *coaching* estratégico con Alberto.

Pero para realizar mis sueños, primero tenía que descubrir qué quería, cuáles eran mis sueños y para qué los quería.

Continuamos…

¡¡¡Vamos!!!

Crecer es estar VIVO.

Es PASIÓN.

Es GRANDEZA.

Crecer es COMPROMISO.

Tus decisiones tienen que ser de corazón.

Escucha a tu corazón, acallando tu mente.

Ahí sacarás tu verdad.

Tu DESEO.

Tu anhelo.

Tu AMOR.

Desde allí encontrarás el AMOR.

Permítete SENTIR.

Permítete sentir lo que sientes, sin juzgarte.

Permítete sentir todo lo que sientes.

Vívelo.

Vívelo intensamente y déjalo ir.

Suelta y confía.

AMA.

Esta fue la primera carta que me escribí, la de enfoque, decía así:

"Hay que ponerse manos a la obra.

Centrarse en las emociones.

Gestionarlas y tener la certeza de que vamos a encontrar el enfoque perfecto, hacia tu objetivo.

Yo te voy a ayudar.

Hay que accionar un plan de acción.

Ya llevamos bastante tiempo en silencio y ocultando lo que somos.

La percusión… necesita silencio.

Hay que llegar al corazón.

Somos arte.

La verdad debe revelarse, debe quedar expuesta.

Hay que entregar el corazón, lanzarte al vacío con confianza de que algo aguantará la caída.

Sin miedo.

Hay que actuar con AMOR".

¿Cuál es tu sueño?

Antes debes saber qué quieres, ser honesto contigo para poder serlo después con los demás.

Tomar el camino correcto.

El que te dé paz y serenidad.

Hacer las cosas bien.

Saber escucharte.

Y llegar hasta tu corazón para poder elegir y saber qué es lo correcto, qué es lo que quieres, qué es lo que realmente sueñas y por qué y para qué quieres luchar por tu sueño.

Y después hazlo realidad.

Atrévete a ser tú.

Hazte responsable de tu sueño.

Confía 100% en ti.

Entra en las profundidades, tus profundidades.

Aclara esa oscuridad.

Entra sin juzgar.

Observa bien lo que sientes.

Y deja que fluya.

Te propongo un ejercicio:

Distánciate para aclararte.

Distánciate de lo que te preocupa.

Observación de lo que te preocupa desde la distancia.

Túmbate en silencio y observa desde la distancia, aléjate de lo que te preocupa como si estuvieras en un avión y tú lo ves todo desde arriba, desde afuera. Sé un espectador de tu preocupación.

Tómate el tiempo que necesites y después continúa leyendo.

Bienvenido de nuevo, valiente.

Has hecho bien en distanciarte para aclararte.

Debes estar contento, contenta, has sido muy
valiente.

No tengas miedo, enfrenta lo que tengas que enfrentar y coge las riendas de tu vida.

Guíate, escucha a tu alma, cuídala, quiérela y
hazle caso.

Escucha bien, atentamente, sin interferencias
externas.

Céntrate en ti, en buscar tu centro.

En tu paz interior.

Haz, actúa, da ejemplo y entrégate a la vida.

Formas parte de ella, expresa lo que eres, déjate
ver, revélate en positivo, con la exposición correcta
para ti, sin importarte lo que digan los demás,
si gustas o no, debes gustarte a ti, quererte a ti,
aceptarte a ti, es tu vida y está en tus manos hacer
lo que te haga feliz.

Deja de esconderte, de tener miedo, tienes
capacidades y has crecido mucho. Vive y deja vivir.

Vive en paz contigo mismo.

Estás alcanzando tu meta.

No te detengas ahora y disfruta de lo que tienes
sin culpa.

Ve, amor, a por tus sueños.

Están dentro de ti.

Solo tienes que aprender a escucharlos.

Sigue tu intuición y atrévete a la vida, a vivir.

Encuentra tus dones y compártelos, compártelos con los demás, porque cuando compartes, CRECES.

Supera tu pasado si tienes algo que superar. El pasado cógelo de impulso hacia un presente lleno de amor, deja tus miedos atrás.

Tus miedos son tus creencias pasadas.

Tus miedos te ayudan si van contigo a tu favor.

Si aprendes qué intención positiva hay detrás de ellos.

Acéptalos.

Decide crear momentos.

Crea oportunidades.

Crea cosas bonitas.

Crea desde el corazón.

Trabaja en tu interior para poder realizar tus sueños.

Confía en ti.

Cree en ti.

Sana tu dolor.

Hazlo por ti.

Sigue viviendo desde el AMOR.

Conecta contigo y así podrás conectar con los demás.

Todo aprendizaje está dentro, hay que aprender a exteriorizar lo que ya sabemos.

Cuando liberas una carga que has llevado durante mucho tiempo en tu interior,

CRECES.

TE LIBERAS.

Cuando sueltas para poder cerrarlo y seguir adelante,

COMPRENDES.

Acepta lo que la vida te trae para tu aprendizaje y para hacerte más fuerte.

Para superarte y confiar en ti mismo.

Sin amor propio no se puede ser feliz.

No se puede estar en paz.

No se puede disfrutar de la vida en esencia.

Disfruta la vida sin miedo paralizante.

Sin culpabilidad.

Y hazte responsable de cómo tus decisiones afectan a todos los que están a tu alrededor.

Confía en la vida y en sus procesos.

Eres una valiente.

Un valiente.

No te rindas.

Continúa caminando.

PARALIZACIÓN

He estado unos días muy bien y ahora vuelvo a estar triste.

A sentir que no encajo en ningún sitio. A sentir que me falta valor para hacer lo que tengo que hacer.

Porque no sé cuál es el camino correcto.

O qué camino seguir.

Vuelvo a estar perdida.

Vuelvo a sentirme desprotegida y vuelvo a sentirme sola.

En esos momentos tienes que creer en ti, en tu Talento, en tu Arte.

¿Sabes que tienes mucha creatividad en tu interior?

Créetelo y compártelo.

Primero de todo debes:

CONFIAR EN TI.

Y creer que puedes, que vales.

Que lo que haces, si lo haces de corazón, saldrá bien.

Ten calma, no te preocupes, no quieras correr.

Ve avanzando, escúchate y sigue tu intuición, encuentra el momento exacto para poder expresarte.

Escúchate en calma y encontrarás la respuesta.

Mira con AMOR y paciencia.

¡VAMOS!

Para coger confianza tienes que creer en ti y ponerte metas, objetivos, superarlos y llevarlos a cabo.

Está bien reflexionar, pero ya es hora de ponerte a actuar.

CREA COSAS.

Inventa algún proyecto, así cogerás confianza en ti, empieza a materializar tus sueños.

DISFRUTA DEL CAMINO.

Si algo no funciona hay que cambiar, no hay que tener miedo a los cambios.

RENOVACIÓN.

Valentía.

Esfuerzo.

Constancia.

Acepta lo que hay y resuelve en tu interior.

No supongas, no te ilusiones, simplemente vive el presente atendiendo a tus necesidades, acepta lo que te trae cada día, respira y déjate llevar. No anticipes, cálmate en tu interior y seguro que encuentras el momento para comunicarte con los demás.

Quiérete, quiérete y déjate querer.

Al principio de este libro comenté que tuve que ir a por mi niña interior y hoy quiero compartir una carta de compromiso que le escribí un día. Dice lo siguiente:

Voy a rescatarte, voy a hacerte feliz y voy a luchar por tus sueños y voy a hacerlos realidad.

Solo tienes que pedir, pedir lo que quieras porque yo estoy aquí, aquí contigo, y no pienso dejarte caer de nuevo, no pienso abandonarte. Quiero que seas feliz, que estés contenta, que te valores y creas en ti.

Que luches por conseguir tus sueños, tus anhelos, confía y cree que todo es posible.

Crea, crea con el corazón y todo lo demás vendrá solo, vendrá sin límites, sin miedo, sin excusas, sin prejuicios y sin justificaciones.

Vive, vive intensamente tu vida, sin mirar atrás. Vive el ahora con todo lo aprendido del pasado.

Disfruta cada instante que la vida te regala y hazlo tuyo.

Comparte todo lo que quieras compartir y ríete, pequeña, ríe y sé muy feliz.

Eres fuerte.

Valiente.

Inteligente.

Noble.

Estoy orgullosa de ti.

Te quiero, mi niña.

Encuentra tu centro.

Crea lo que quieras. Tienes ese poder de crear lo que quieres.

Quieres amor, crea amor, quieres mantener una amistad, cuídala.

Quieres éxito profesional, búscalo y hazlo posible para hacerlo realidad, para materializarlo.

Quieres encontrarte.

Escúchate y haz lo que te haga feliz.

Quieres libertad, siéntete libre de poder elegir tus pensamientos y te sentirás libre, de ti depende elegir lo que quieres vivir.

Busca, encuentra lo que te llene y ve a por ello.

Disfruta el camino.

Sobre todo,

disfruta el camino.

Aprende a disfrutar, sé que tu mente no está acostumbrada y le cuesta.

Aprende a dirigirla a tu favor.

No en tu contra.

Observa las diferentes mentes y acompáñalas, entiéndelas y así te harás comprender.

En cuanto aprendas a disfrutar del camino y de lo que te ofrece, en cuanto aprendas a estar presente.

Déjate guiar y fluye.

La única causa de tu sufrimiento es aquello que no aceptas.

Ya llevamos un camino juntos, valiente, estamos cogiendo valentía, confianza y seguridad y autoestima y estás encontrando amor en tus miedos. Y eso es muy positivo.

La única manera de vencer los miedos es con AMOR.

Sigue entrenando.

Ten esperanza, todo va a ir bien.

Confía, sueña, actúa, quiérete, respeta tus tiempos y los tiempos de los demás.

Todo está bien.

Vas a salir de este aprendizaje fuerte, valiente, honesto y feliz,

CONFÍA.

Enfócate en el presente, en el momento presente.

Siente lo que realmente deseas ahora y ve a por ello.

Entrénate para conseguirlo.

El pasado ya pasó, es hora de superarlo, de agradecerlo, y es hora de que te pongas en marcha.

De que vivas según tus valores y tus sueños.

Actúa de corazón sin rencores y todo, todo, va a ir bien.

CONFÍA.

El único sentido de la vida es la fabricación del alma.

El cuidado del alma nos pide que observemos continuamente sus necesidades, prestándoles una atención sin reservas.

Lo que exige la espiritualidad es atención, concentración, regularidad y devoción.

Nunca debes perder la fe en ti mismo.

Actitud para llegar a la altitud.

Querer no es lo mismo que AMAR.

AMA.

Sigue tu camino.

Responsabilízate.

Acalla tu mente.

No te rindas nunca. Continúa.

Sé VALIENTE.

Pásalo bien.

Disfruta.

Ama.

Sonríe.

Fluye.

Suelta.

Da.

Siente.

Confía en ti.

Visualiza.

Aprende a construir desde el AMOR.

Ama la experiencia.

Compasión.

Perdón.

Aceptación.

Experimenta.

Deja ir.

Vive.

Sé Feliz.

¿Sabes una cosa, mi querido Valiente? Que te quiero, me gusta todo de ti, cómo has sido, cómo eres y lo que vas a ser.

Me gusta todo porque tienes un corazón enorme, y, aunque tengas una mente inquieta, movida, turbulenta, una mente que no para de trabajar, esa mente tienes que enfocarla bien, porque tienes mucho, muchísimo, potencial, solo que tienes tanto que no sabes gestionarlo y eso te aturde, te agota.

En el momento que aprendas a gestionarla mejor, todo se calmará.

Quiero decirte que eres un AMOR, aprende a darlo, a compartirlo y a recibirlo.

Tienes derecho a recibirlo.

No lo rechaces, te lo mereces.

Créetelo, cree en ti.

Confía en Ti.

Encuentra tu pasión y ve a por ella.

Acepta lo que se te da.

Es tuyo.

Deja de tenerle miedo y ten Fe, aprende a mirar con fe y cambiarás el miedo por AMOR.

Dale la vuelta a lo que te hace sufrir.

Cambia el sufrimiento por AMOR.

Puedes hacerlo.

Sé que lo vas a hacer.

Te quiero.

Disfruta del camino y sigue tu guía interior.

Confía y sé Feliz.

Deja de esperar, valiente, y ponte a actuar.

Siente, siente y deja ir lo que te hace daño, lo que te pesa.

Todos esos pensamientos ya no los necesitas, suéltalos.

Tú no tienes la culpa de las reacciones de los demás.

Acepta, entiende y gestiona para mejorar como persona, como ser humano, y sigue adelante con tu camino.

El que tú elijas, sin dejarte influenciar por los demás.

Sigue a tu corazón, él te llevará a lograr tus sueños.

Enfócate en lo que te hace feliz.

Deja ir lo que ya no te sirve y cambia de rumbo.

Tú eres quien dirige tu vida.

Dirígela bien.

Con honestidad y confianza.

Confía en ti, en tus decisiones y en tu instinto.

Gestiona las emociones para que los sentimientos
no te hagan daño.

Dale la vuelta a lo negativo, dale las gracias por
venir a avisarte de todo lo que tienes que cambiar.

Y convierte lo negativo en algo bueno, en algo que
pueda ayudarte a seguir adelante.

Convierte lo negativo, los fracasos, en éxito.

Sí se puede.

Tú puedes y lo harás.

La persona más importante eres tú.

Si tú estás bien, todo tu alrededor estará bien.

Acepta el reto.

Confía en la sabiduría que dan los errores
y agradécelos.

Estate atenta, atento, a todas las señales y
ve por ello.

Sigue tu intuición.

Te quiero, VALIENTE.

Seguimos caminando...

NUEVO INICIO

Se acabó, mi valiente, la tristeza, la culpa, la duda, los remordimientos, la incertidumbre.

Vamos…

Mi querido Valiente.

Fuerza.

Valor.

Autoestima.

Alegría.

Fe.

Todo va a estar bien.

CONFÍA.

Es tu misión restaurar lo que un día se rompió.

Primero debes llegar a ti para poder dar, entregar tu esencia.

Estamos a punto de conseguirlo, de obtener claridad, de enfocarnos en lo positivo.

Vive desde el corazón, sin contradicciones y sin miedo.

Convierte tu muro en un peldaño.

Tú has creado el muro, tú puedes destruirlo.

Confía en ti.

Puedes hacerlo.

Es más, vas a hacerlo y muy bien.

Supera el dolor y conviértelo en esperanza.

Ten Fe.

Confía.

Todo está bien.

Estás creciendo y estás haciéndote
un valiente increíble.

Me encanta lo que eres.

Estás siendo muy, muy valiente.

Fuerza, mi valiente.

Lo vas a conseguir.

Vas a lograr el éxito de tu vida.

TU LIBERTAD.

Comienza la búsqueda, nunca abandones
tus sueños.

Para saber quién eres, debes saber
de dónde vienes.

Tu destino está en tus manos.

Elígelo con sabiduría, elegancia, esto te dará el poder que necesitas, es solo cuestión de tiempo. Canta, baila, ríe, hay un millón de belleza en todos los kilómetros del camino.

¿Listo para la aventura? Quedarse es la única opción, seguimos caminando…

¿Nunca es demasiado tarde, *ok*? Para hacer cosas nuevas.

Valiente, estoy orgullosa de ti, de tu corazón, de tu aprendizaje. Estoy orgullosa de todo lo que estás logrando y superando.

Estoy feliz por ti, crecer no es malo ni hace daño.

Al contrario, es una bendición.

Es lo mejor que nos puede pasar.

Crecer manteniendo la inocencia y la alegría, el entusiasmo y las ganas de explorar, de investigar y descubrir cosas nuevas y disfrutarlas.

Disfruta del momento presente y hazlo inolvidable.

Fluye en el momento presente y sueña, sueña en GRANDE y ponle emoción a tus sueños para que se hagan realidad.

Emoción y coherencia.

Estrategias para sentirte cada día mejor:

Enfócate en las cosas positivas.

En la Gratitud, superimportante la gratitud.

Reinvéntate cada día.

Acción hacia tus sueños.

Encuentra tu propósito y no te rindas hasta conseguirlo.

Confía en el cambio.

Haz deporte, recupera tu vitalidad.

Sigue tu intuición.

El pasado es tu impulso.

Trabaja tu interior.

Pasa a la acción.

Y consigue objetivos.

Vivir es entrenarse.

Nadie lucha contra nadie, solo consigo mismo.

> **NUESTRA ALMA ES LA FUENTE DE AMOR, PAZ Y SABIDURÍA QUE HABITA EN NOSOTROS.**
>
> **NUESTRA ALMA ES LA ENERGÍA MÁS PURA QUE TENEMOS.**

TRAUMA PSICOLÓGICO

¿Qué es un trauma?

Choque de impresión emocional muy intenso causado por algún hecho o acontecimiento negativo que produce en el subconsciente de una persona una huella duradera que no puede o tarda en superar.

Cuando una persona es incapaz de sobrellevar una situación y le afecta emocionalmente de forma grave.

Es una respuesta emocional, los efectos pueden ser tan graves que interfieren en la capacidad de una persona para vivir una vida normal.

Las personas que han sufrido eventos traumáticos a menudo se sentirán desorientadas y sacudidas emocionalmente.

Retraídos, ansiedad, terrores nocturnos, parálisis del sueño, irritabilidad, falta de concentración, cambios bruscos de humor.

Síntomas emocionales:

Enfado, negación, tristeza, arrebatos emocionales.

Síntomas físicos del trauma:

Tez pálida, falta de concentración, palpitaciones, ansiedad, ataques de pánico, no afrontar situaciones que antes afrontaban, lesiones físicas, estrés extremo.

LA MENTE se desarrolla como el cuerpo a través de crecimiento interno, la influencia del medioambiente y la educación.

Su desarrollo puede ser inhibido por la enfermedad física o por un trauma.

La humanidad no está perdida, simplemente desorientada.

Observa la belleza del mundo, acaricia tus sueños, sé firme en tu propósito, haz de tu intención un hecho.

Ten curiosidad por el aprendizaje.

Mi trauma.

Mi trauma fue a los cuatro años, cuando murió mi padre.

Nunca superé su muerte hasta hace ahora, quizás, un par de años, y no la superé porque nunca hablé de ella, porque nunca acepté que se marchara.

Estaba enfadada y dolida con la vida, era injusto que todos tuvieran padre y yo no, no lo entendía, y viví una mentira. Todavía recuerdo cuando en alguna ocasión decía que se había ido de viaje y que pronto iba a volver.

Yo, en el fondo, sabía que no, pero mi deseo era tan grande, que creo incluso que me lo acabé creyendo. Me acabé creyendo mi propia mentira.

Hasta que por fin un día pude exteriorizarlo en el psicólogo, tardé años en poder hablar sobre ello.

Y una vez que lo conseguí fue una liberación brutal.

Seguía sintiéndome mal, y todavía no entendía algunas cosas, lo que sí entendí fue que tenía que hacer su duelo, aunque fuese treinta y cuatro años después de su muerte.

Fue duro, no te voy a engañar, no lo pasé nada bien, porque tampoco lo compartía con nadie.

Todo eso me generaba mucho miedo, y me di cuenta de que muchos de mis comportamientos hasta ese momento habían sido guiados por miedo. Tenía miedo, miedo a casi todo, he sido muy miedosa y gracias a haber tenido mucho miedo ahora soy muy valiente, valiente de corazón. Me considero valiente por haber afrontado, por atreverme a mirar lo que no quería ver, por crear la vida que sueño y por hacer realidad todo lo que sueño. Con determinación y propósito.

Así que el miedo es bueno si se aprende a escuchar y te das cuenta de que solo quiere ayudarte.

Haber pasado un duelo después de tanto tiempo, por una parte, a lo primero, me enfadé mucho conmigo misma por no haberlo pasado antes, por no haber sabido nunca expresar cómo me sentía.

Sin embargo, ahora me alegro de todo eso, porque si no hubiese pasado todo eso ahora no estaría escribiendo este libro para valientes.

Ni sería la persona que soy hoy.

El mejor día fue cuando acepté la muerte de mi padre.

Ese día fue una liberación brutal. Una cosa es que tú pienses que has aceptado la muerte de algún ser querido y otra muy distinta es que la aceptes de verdad, de corazón, que digas de todo corazón que aceptas lo que pasó, que aceptas todo lo vivido y que aceptas las cosas cómo son, y lo que es más gratificante es dar las gracias por todo lo vivido.

Hasta que no aceptas y agradeces no hay liberación, por lo menos en mi experiencia.

Hasta que no conseguí unir la aceptación con la gratitud no me sentí libre. Y en paz.

Gracias, Alberto. Fue en una sesión de "coaching" contigo que acepté la muerte de mi padre, gracias de verdad. Ese día me hiciste sentir libre y ser consciente de muchísimas cosas. A partir de ese momento empezamos a trabajar de verdad.

Y fue brutal lo que empezó a crecer nuestro proceso de "coaching" desde entonces, por eso digo que la aceptación es una de las cosas más importantes.

Aceptar, aceptar, aceptar.

SIN ACEPTACIÓN NO HAY LIBERACIÓN.

Si quieres dejar de sufrir por algo, acéptalo y verás cómo se relaja todo tu cuerpo, cómo tu organismo vuelve a funcionar cada vez mejor, dejas de somatizar y de sentirte mal.

¿Qué es lo que realmente quieres en tu vida?

¿Por qué lo quieres?

Lo que realmente queremos es cambiar lo que no nos gusta sentir.

Buscamos estados emocionales que nos gustan más, que nos den placer, más deseados, para sentir algo en concreto, para ocultar una emoción o aliviar otra.

Un estado emocional es la suma de millones de procesos neurológicos que suceden en un instante.

Los estados emocionales afectan a tu percepción de la realidad y, por lo tanto, a las decisiones que tomas.

Si aprendes a controlar tu estado emocional puedes tener una mejor percepción de la realidad y tomar mejores decisiones.

Triángulo que te ayuda a cambiar tu estado:

1- El Lenguaje, las palabras que utilizamos para describir la experiencia.

2- Enfoque, aquello a lo que prestamos atención.

3- Corporalidad, la manera en la que utilizamos nuestro cuerpo.

La emoción es movimiento, sin movimiento no hay emoción.

Todos los sentimientos tienen una respuesta fisiológica en nuestro cuerpo.

¿Sabes dónde se manifiestan las emociones en tu cuerpo?

¿A qué órgano están afectando?

Puedes sentirte como quieras simplemente cambiando tu cuerpo con tu expresión facial y tu respiración.

La mente humana no es capaz de gestionar dos mensajes contradictorios a la vez.

Si estás feliz no puedes estar triste.

La juventud es movimiento continuo y los niños no paran de moverse.

Decide, ¿cómo te quieres sentir?

Cuando tengas delante un patrón emocional negativo, levántate, cambia tu postura corporal, cambia tu enfoque y tus palabras. Háblate bien bonito.

Sal a caminar, escucha música que te anime, muévete, muévete de lugar.

"CUANDO COMIENCES TU CARRERA NUEVA, RECUERDA QUE LO QUE TE IMAGINES VÍVIDAMENTE, DESEES ARDIENTEMENTE, AQUELLO EN LO QUE CREAS SINCERAMENTE Y AQUELLO SOBRE LO QUE ACTÚES ENTUSIASMADAMENTE TENDRÁ INEVITABLEMENTE QUE OCURRIR".

MARY KAY ASH

Aplica responsabilidad, comunica con impacto.

Nosotros podemos ser creativos, somos piezas únicas. Construye, construye, construye tu pieza.

Es bueno aprender a caminar, aprender a caerte, aprender a pararte, aprender a ajustar el ritmo.

100 % responsables de nuestra responsabilidad.

CAMINAR

"Dicen que el destino, tus sueños, tu propósito de vida, son fantasías. Dicen que son inalcanzables. Dicen que aquel sueño del alma es como el amor platónico imposible. Por mucho que te acerques, él se alejará más. Es como la fina línea en el horizonte. Si caminas 5 pasos hacia él, él se alejará 5 pasos más. Si te acercas 10 pasos, él se alejará 10 más…

Dicen que cuando caminas a tu propósito de vida, al llamado de tu alma, él se alejará más y más, que son como los amores platónicos imposibles. Para eso sirve tu propósito de vida. Para caminar…".

Del libro "Tu propósito de vida" (Laín García Calvo)

¿QUÉ GANA EL MUNDO CONTIGO?

Lo que tú elijas.

Cuando te construyes a ti mismo, creas tu propia pieza, te conviertes en tu pieza, eres tu pieza del puzle, y ahora lo único que tienes que hacer es que las piezas encajen de nuevo en tu puzle. Crea tu propio puzle, puedes hacerlo y sé que lo harás.

Cuando aplicas responsabilidad haces lo que tienes que hacer, aportas valor y energía creadora, energía constructiva.

Todo lo que suma crea y todo lo que resta destruye.

Es momento de empezar a decidir.

De conocerte, de amarte, de crecer, de expandirte, de abrir puertas e investigar qué hay detrás de cada puerta que abres y qué hay detrás de cada puerta que cierras.

> **LAS COSAS IMPORTANTES DE LA VIDA NO SON COSAS, NO SE VEN NI SE TOCAN, PERO SE SIENTEN EN EL CORAZÓN.**

La respuesta está en tus manos, haz lo que puedas con lo que tienes.

Y acabo con una aportación:

Fluye desde el amor.

Un abrazo,

Valiente, valiente de corazón.

SI YO SOY CAPAZ, LO HAGO, CORAJE,
CORAZÓN POR DELANTE.

PONGO ATENCIÓN AL CORAZÓN, MI BRÚJULA

Para poner atención al corazón, te propongo otro ejercicio, mi querido valiente.

Créate un escudo, un escudo con el que, en vez de defenderte, te sientas seguro, te sientas protegido, te sientas fuerte y valiente.

Un escudo que en vez de ser para defenderte del exterior o de ti mismo, sea un escudo con el que puedas realizar todos tus sueños.

Un escudo que forme parte de ti, como una camiseta, una de tus favoritas. Sí, esa, esa que te queda tan guay, esa que estás espectacular con ella y no le gusta a nadie, solo te gusta a ti, pero tú te ves tan guapo, guapa, que te da igual lo que piensen los demás.

Cómo mola tu camiseta, ¿de qué es? De algodón, poliamida, licra, ja, ja, ja, licra. Esa te queda bien ajustadita. Elige, elige la que te haga feliz.

Aquí estamos para soñar, para SOÑAR EN GRANDE. Así que no hay limitación.

Te pongo un ejemplo de mi escudo, el que yo he creado. Ahora tú elige el tuyo, crea el tuyo y hazlo genial, hazlo extraordinario como tú, tú ya eres extraordinario.

Te quiero, mi querido valiente. Gracias por elegirme.

CREO MI ESCUDO

Mi escudo está hecho de amaneceres en los que vuelan águilas, mi escudo está hecho de amor, mucho amor, con él fotografío el camino.

Escribo mi historia con libertad, transformación, disfruto del proceso, renazco con integridad y unión.

Las oportunidades me atrapan con… confianza, alegría, entusiasmo, ilusión, paz y gratitud.

Soy responsable de mi autoestima y aprendizaje.

Conquisto nuevos territorios, conozco para ser consciente.

Escucho mi música, la canto, soy cómplice en todo el camino, vivo el camino, vivo el camino desde mi parte más exploradora, soy visionaria, me anticipo, sueño, actúo, tengo constancia, perseverancia, fuerza de espíritu, yo sí puedo, lo hago, confianza, compromiso, superación, entusiasmo, perseverancia, constancia, gratitud, respeto, libertad, acción, sostenibilidad, coherencia, crecimiento, responsabilidad, prevención, conservación, realidad. Lo que es, es.

Estamos haciendo camino juntos, somos cómplices de camino.

Gracias, Gracias, Gracias.

¡VAMOS, VALIENTE!

¿Cuáles son los factores
que destruyen al ser humano?

La inconsciencia,

el orgullo,

la ignorancia,

el miedo,

la falta de respeto.

La ingratitud,

la falta de confianza,

la arrogancia,

la no acción.

LA VIDA ME HA ENSEÑADO A TEJER

Durante cuatro años fui tejedora, era un trabajo que no me gustaba mucho. El primer día casi me voy de la empresa, vaya ocho horas que pasé. Todo era nuevo y me costaba aprender cómo funcionaba la máquina circular y diferenciar los hilos.

Al final aprendí gracias a los compañeros que me enseñaron desde cero y entonces ya me gustaba más, me gustaba ir con todas las herramientas en mis pantalones azules llenos de bolsillos, donde podía meter de todo: pinzas, agujas, tapones para los oídos, chuches, mis gafas de seguridad, tijeras, todo lo necesario para poder tejer.

Aprendí que un nudo no se puede deshacer sin saber cómo está hecho, que las cosas se construyen, se crean, se cuidan, que todo se puede reparar, que siempre hay más hilo, que necesitas materia prima, calidad, un propósito, un fin, un para qué y un objetivo, un proceso.

He aprendido que tejiendo hay infinitas posibilidades, porque con un pequeño cambio de punto la prenda cambia y puede coger diversas formas. Hay millones de puntos diferentes y todos crean lo mismo, pero con diferente esencia, aunque el fin sea el mismo.

Me he dado cuenta de que he aprendido a tejer y que yo soy responsable de lo que decida tejer en mi vida, que según el hilo que utilice, la materia prima, el resultado puede ser muy diferente, así que decido tejer con el mejor para dar el mejor producto y ofrecerlo para darle un alto valor y cuidarlo. Hay que hacer lo que se puede con lo que se tiene, sacar el máximo beneficio, así que es hora de sacar mi máximo potencial, porque alguien un día me hizo gritar muchas veces:

"¡¡¡Sí, YO SOY CAPAZ!!!". Tanto que ya lo he incorporado a mis creencias y ahora hay que aprender a tejer el mejor camino. En la vida se aprende, se crece, se descubre, se escribe, se borra y se reescribe, se hila, se deshila y se vuelve a hilar.

Tejiendo…

Recuerda… que, en la vida, solo hay dos emociones, miedo o amor, y cada uno de nosotros es responsable de lo que decide elegir en la vida. Si eliges el miedo estarás protegido, seguro, pero si eliges el AMOR, con el AMOR transformarás al mundo.

Comparto referencias de Krishnamurti, Gandhi y Eric Fromm.

"La verdad es una tierra sin caminos, debe hallarla mediante el espejo de la relación, mediante la comprensión de los contenidos de su propia mente, por la observación y no por el análisis intelectual ni la dirección introspectiva".

"No vengo a derribar, sino a construir. En la medida en que el ser humano origina un cambio en sí mismo transforma el mundo, por este motivo es su responsabilidad cambiar".

"Para llegar lejos uno ha de empezar cerca y las primeras acciones han de suceder dentro de uno".

"En el arte de vivir el hombre es al mismo tiempo el artista y el objeto de su arte, es el escultor y es el mármol, el médico y el paciente".

"Toda la energía que no sabemos dirigir hacia la creación se convierte automáticamente en energía destructiva".

"El amor es un arte. Quien nada conoce, nadie ama".

"El amor es la fuerza más humilde, pero la más poderosa de que dispone el mundo".

"La fuerza no proviene de la capacidad física, sino de la voluntad indomable".

"La verdad es totalmente interior. Vivir es nacer cada instante, lo que nosotros podemos ofrecer al mundo no puede entregarlo nadie más".

Por eso un día decidí convertirme en una persona CAPA.

Persona creativa, amorosa, pacífica y autónoma.

La persona CAPA es cocreadora en la realización del ser, vive mejor la incertidumbre y el cambio, vive con más valentía, tiene mayor equilibrio emocional y resiliencia, fluye, posee una energía para poder transformarse, autorrealización.

Conecta con el entorno, despierta su creatividad, fluye en el paisaje, comprende su naturaleza energética, dirige esa energía a crecer, a aumentar la calidad de comunicación con las otras personas, el arte de vivir, conciencia emocional, mente, emoción, acción, entretejiendo con nueva mirada, el arte es acción.

El mapa de la persona CAPA.

CREATIVIDAD. Agradecimiento, alegría, belleza, felicidad, sorpresa, autenticidad, esperanza, diversidad, gestión de oportunidades. Se orienta en los valores positivos, es flexible, escoge crear, tiene capacidad para buscar recursos y soluciones delante los retos que la vida le plantea.

AUTÓNOMA. Responsabilidad, valentía, perseverancia, confianza, esfuerzo, curiosidad, desapego, voluntad, verdad. Gestión de la incertidumbre porque se lidera y respeta a sí misma, construye su proyecto de vida y siempre está en proceso de mejora, es capaz de vivir en silencio, no utiliza a otros, es consciente y construye relaciones sanas.

AMOROSA. Generosidad, aceptación, ternura, bondad, compasión, sensibilidad, amistad, altruismo, amor, gestión intangible, el arte de amar. Escoge el amor como máxima fuerza creadora, humaniza, suaviza y cura.

PACÍFICA. Gestión de significados, humildad, serenidad, equidad, calma, prudencia, tranquilidad, paciencia, paz, gestión del sentido de coherencia. Busca soluciones pacíficas ante los conflictos, es asertiva, compasiva y solidaria, aprende, escucha, calla y se expresa cuando hace falta, tiene buena gestión emocional, autorregulación.

> **EL RETO ES LLEGAR A SER COMO QUIERES SER.**

Una vez iniciado el camino del conocimiento no hay vuelta atrás.

La luz es la sabiduría, tu sabiduría, mi querido Valiente.

Viaja hondo, dentro de ti mismo.

Encuentra ese tesoro conocido por tu nombre.

Observa ese tesoro.

Los recursos del universo, los tienes todos.

Deja pasar lo que alguna vez fue para ti y ya no encuentra lugar.

Ahora di para ti mismo: "SOY CAPAZ, puedo hacer lo que me propongo, obtengo energía por estar sobre la tierra, por mi conexión con el cielo, por mis relaciones con los demás.

SOY CAPAZ, APTO, PUEDO, VALGO.

LO HAGO".

Llaves que abren puertas, preguntas lanzadas como semillas de cambio a lo más profundo de nuestro interior, puentes que unen nuestra mente, nuestro corazón y nuestra alma.

Nosotros decidimos cuándo, dónde, de qué forma y con quién vamos a mostrar lo que sentimos.

Se trata de decidir qué tipo de persona queremos ser y, en función de esta elección, pasar a la acción coherente, aunque no nos resulte fácil.

¿Cómo conocernos y ser auténticos?

Para ser auténticos es preciso conocernos a nosotros mismos y practicar la coherencia, asumiendo la responsabilidad de nuestros actos en un continuo ejercicio de libertad responsable.

Porque si no vivimos como pensamos, acabaremos pensando como vivimos.

Nos necesitamos los unos a los otros, nos hacemos personas coexistiendo con los demás.

En el terreno emocional nadie es autosuficiente.

Cuando desplegamos nuestras capacidades, VOLAMOS.

LA COMETA CAPA

Otro ejercicio, mi querido valiente. Ahora nos vamos a convertir en una cometa, una cometa capa.

Anoche tuve un sueño.

Me gustó lo que soñé y he decidido realizarlo.

Cuando tienes un fuerte impulso de volar, de crecer, de convertirte en una cometa capa, los obstáculos son oportunidades para realizar tu sueño, y, si no te rindes, si cuando estás agotada y sin fuerzas solo te dices "estaré mejor mañana, porque anoche tuve un sueño y he decidido realizarlo", finalmente vuelas.

Solo entonces te das cuenta de que has hecho bien tu trabajo.

Mi capa. Mi capa es una capa que se abre a las nuevas oportunidades, que realiza sus sueños y consigue superarse cada día. Es resiliente, curiosa, inteligente, es una capa de superación, de lucha contra las adversidades, rompe barreras, se atreve a hacer cosas que antes eran inimaginables hace tiempo atrás.

Tiene fuerza, emprende, aprende, tiene motivación, paciencia, gratitud, conocimiento interno, aceptación, vulnerabilidad, corazón, entusiasmo, autorregulación, generosidad, creatividad. Mi capa es una capa de acción de responsabilidad, fluye, se deja llevar por el corazón, el reto de mi capa es actuar ahora.

Acción.

Ama.

HAY QUE EMPEZAR A METER EL CORAZÓN
EN LA HUMANIDAD.

Del libro **Ámame para que me pueda ir** (Jaume
Soler, Merçè Conangla):

Ámame para que me pueda ir,

para que aprenda a ser yo mismo,

separado de ti.

Impúlsame

para que pueda alejarme

y ser con los demás.

Déjame ir

para que sepa

a dónde regresar.

Ámate

para que me pueda amar

aprendiendo de ti.

Impúlsate

para que me enseñes

el gozo de explorar.

Déjate ir

para que encuentre

en la libertad tus raíces.

¡Ámate para que me pueda ir!

"INTENTA NO CONVERTIRTE EN UN HOMBRE DE ÉXITO, SINO DE VALOR".

ALBERT EINSTEIN

De una misma situación se pueden sacar diferentes pensamientos, emociones y acciones.

Según esté nuestro pensamiento, emoción, acción.

Si está en equilibrio o está en desequilibrio.

Si tengo pensamientos positivos o negativos.

Dicho de otro modo, si me enfoco en el AMOR o el MIEDO.

Interesante saber que creer es crear, así que depende de nosotros, los valientes, en qué lado queremos estar. Miedo o AMOR.

Para eso tenemos que desbloquear creencias o, dicho de otro modo, desaprender lo que hemos aprendido y lo que creímos como cierto, porque no se cuestiona ni se comprueba, simplemente lo creo así y así es.

¿Qué es mejor tu creencia o la mía?

¿Por qué la tuya es buena y la mía no?

Una creencia está para orientarnos, guiarnos y decidir qué hacer con ella, podemos tener mente cerrada y decir: "Esto es así y punto".

O podemos reflexionar sobre ella, reconocerla, observar de dónde viene y si es buena o mala para ti, y a partir de ahí decidir si creerla o no como cierta y adaptarla para nuestro bien y el de los demás.

Una creencia compartida puede ser muy interesante, porque puede ocasionar un sinfín de posibilidades distintas que uno solo no tiene la capacidad de discernir y así compartir diferentes puntos de vista para hacer esa creencia más productiva, adaptativa y que pueda generar un gran impacto positivo en nosotros, los demás y el mundo.

Así crees, así sientes, y en consecuencia a esa creencia y sentimiento actúas.

Siempre hay una intención positiva detrás de cada decisión, aunque parezca que no.

Piensa ahora en alguna decisión que hayas tomado en tu pasado que ahora no te guste, si observas bien te darás cuenta de que detrás de esa decisión había una intención positiva.

La acción es lo más importante, sin acción no hay reacción.

La acción es lo que te lleva al movimiento y todo lo que no se mueve muere, así que he aprendido que hay que tomar acción, aunque sea imperfecta. Porque si sale bien, fantástico, si sale mal, fantástico también, porque de ahí podemos tener una gran oportunidad de aprender, una oportunidad de crecimiento brutal, de obtener un gran valor, porque aprendes a conocerte mejor y obtienes capacidades y aprendizajes que necesitamos para nuestra evolución.

LA NO ACCIÓN

La no acción, aunque a simple vista parezca inofensiva, puede hacer mucho daño, primero a ti, porque si no actúas, si no haces nada para lograr tus sueños, vas muriendo poco a poco y aparecen enfermedades, somatizaciones y muchas cosas más.

Porque no puedes pretender que sepan qué quieres, qué necesitas, cómo te sientes, si no lo expresas, si no comunicas tus necesidades, ni tus emociones, ni tomas acción.

Yo era de estas, de quedarme paralizada y no hacer. Esperaba que los demás supieran qué quería y qué necesitaba, y eso solo me creaba frustración y me volví exigente sin darme apenas cuenta. Hasta que me di cuenta de que antes de recibir, tienes que dar.

Dar desde el corazón.

La paralización viene de no saber qué quieres o qué sientes, viene del miedo, de la incertidumbre, de "yo no hago nada y así no me arriesgo, ni vivo, ni siento".

Es dejarse llevar por las circunstancias, que pase lo que tenga que pasar, es conformismo, es dejar tu poder en manos de los demás y esperar a que algo suceda.

Nuestro pensamiento, emoción, acción, tiene que estar bien equilibrado porque, sino, llega el caos, aunque del caos también pueden salir cosas muy buenas una vez superado el caos. Es más, creo y siento que el caos es necesario porque te da la oportunidad de conocerte mejor y, a partir de ahí, poder equilibrar el pensamiento, emoción, acción y aportar muchísimo valor y coherencia.

Es una oportunidad para tomar conciencia y crecer.

Es más, este libro, mi querido Valiente, ha salido de mi propio caos. De ordenar mi caos está esta trilogía.

Nada sucede si tú no actúas, si tú no te pones en la acción, pensamiento, emoción, acción, la adecuada para ti. Puede que la adecuada para ti no sea la adecuada para otro, hay que ser congruente con uno mismo si queremos mantener el equilibrio.

Nunca sabes cómo va a actuar el otro, ni qué te va a contestar. He aprendido que lo más importante es la acción y hacerse buenas preguntas, buenas preguntas que te orienten y guíen tu camino.

CREER ES CREAR

Para actuar coherentemente es necesario que nuestra mente y nuestras emociones estén alineadas con nuestras acciones.

Interpretamos lo que vemos, el uso de la palabra es muy importante, la comunicación es muy importante.

Ser coherente con tus valores.

¿De dónde viene tu decisión?

¿De la mente o del corazón?

Podemos informar de todo aquello que sabemos, pero solo podemos transmitir aquello que somos. Aquello que está dentro de nosotros se proyecta fuera.

Enfadarse conscientemente también puede ser bonito.

Tipos de pensamiento.

Pensamiento realista, pensamiento distorsionado.

El pensamiento realista tiene una emoción adaptativa y una acción creativa.

Sin embargo, el pensamiento distorsionado tiene una emoción tóxica y una acción destructiva.

Los dos tienen una causa y efecto.

La creencia es la semilla y el pensamiento las raíces.

Cambiando la creencia cambiaremos también las raíces.

Observa tus heridas.

Las heridas ayudan a identificar tus creencias, la herida que tú tienes, que conecta con tus creencias.

Aceptar que todos tenemos heridas y que esas heridas nos mueven.

Tomar conciencia y cuestionar.

Observa que estás juzgando para gestionar mejor, crear condiciones para cambiar la creencia, tomar distancia del pensamiento y observarlo desde fuera, objetivamente.

Las creencias nos limitan o nos potencian.

Son ideas que un día asumimos como ciertas sin contrastar.

Ocupan espacio en nuestra mente y nos restan o suman energía, provienen de lo que hemos aprendido.

Es necesario localizar los pensamientos que limitan nuestra libertad, es necesario localizar los pensamientos que nos dan alas.

Importancia del léxico psicoafectivo, poner nombre a lo que nos pasa.

La reparación es posible.

¿Cómo te sientes?

Obsérvate.

¿Cómo estás haciendo tu camino?

¿Gestionas mejor?

¿Te haces preguntas interesantes?

¿Qué me ha pasado?

¿Qué pasa?

¿Qué está pasando?

¿Cómo lo gestiono?

¿Qué me falta?

¿Qué necesito?

¿Lo puedo vivir de otra forma?

¿Hay algo positivo en esta situación?

¿Qué puedo aprender de esta situación?

¿Desde dónde estoy actuando?

¿Con qué emociones conecto?

¿Cómo está mi cuerpo cuando conecto con esta emoción?

¿Haría alguna cosa diferente?

¿Por qué y para qué lo hago?

Diálogo interno.

¿Cómo nos hablamos?

De nuestro diálogo interno surge nuestro pensamiento, emoción, acción. Hay que empezar por tener un diálogo interno más amable con nosotros mismos, de ahí surgirá nuestra linterna interior, confianza, armonía e ilusión.

Para eso vamos a hacer un ejercicio, mis queridos VALIENTES.

Una fuente de inspiración con una capa de superhéroe.

¡Vamos!

Nos ponemos la capa.

VOLAMOS.

Desde el aire, desde arriba, podemos coger muchísima más perspectiva y eso va a ayudarnos a ser observadores de cómo estamos haciendo el camino.

Mi capa va a ser de color rojo, ya que es mi color favorito. Y la tuya, ¿has elegido ya?

Empezamos…

Puedes observar cómo te mueves, cómo sientes, cómo actúas, cómo reaccionas ante cualquier circunstancia, cómo solucionas problemas o cómo dejas de solucionarlos.

Obsérvate desde afuera, eso te ayuda a no entrar tanto en el dolor y sí entrar en otro punto de vista y GESTIONAR mejor lo que está sucediendo dentro para poder cambiar lo que sucede fuera si eso no te gusta.

Aprender a observarte te ayuda a conocerte, a autorrealizarte, a quererte, aumenta tu autoestima.

Dentro de mi capa hay un árbol, una casa y una estrella.

El árbol simboliza la vida, la raíz, las creencias, la base, la fuerza, todo lo que necesitas.

Necesitas crecer, pasar temporadas, temporales, soltar para volver a echar raíces, frutos nuevos y renovados, para dejar venir lo nuevo.

Simboliza recoger, agradecimiento.

La casa simboliza reflexión, el corazón, las emociones, las necesidades, la bondad, tiempo de autoconocimiento interno, sensaciones, conexión, recogimiento, AMOR.

La estrella simboliza la acción, la positividad, el éxito, la autorrealización.

¿Qué eliges, ser parte del problema o parte de la solución?

Yo elijo ser parte de la solución, protegiendo:

La amistad, el amor y la ternura.

La confianza y la compasión.

La esperanza y la felicidad.

La generosidad y la gratitud.

¿Qué eliges tú?

Ciclos de vida, flujos de energía, emociones básicas:

Miedo, ira, tristeza, alegría, sorpresa, identificar…

Gestionar emociones.

Los tres cerebros:

Reptiliano, límbico, racional.

Pequeñas acciones pueden provocar grandes cambios en nuestra vida y en la de los demás.

Lo que haces, ERES.

Cuando a una emoción no se le da el nombre que tiene, no se puede gestionar.

Permítete sentir lo que sientes, no bloquees ni te autoengañes, gestiona bien la emoción.

Lo que es, es. Sinceridad para gestionar bien las emociones. Lo primero es el autoconocimiento, la emoción genera el movimiento, el valor, la dirección.

Tienes que tirar del hilo, mi querido valiente, ir haciendo preguntas hasta que ya no puedes sentir nada más, eso se llama hacerse un escáner emocional.

Un escáner ayuda a saber cómo estás emocionalmente, conocer las emociones nos enriquece.

En la diversidad está la complejidad.

La vida es cambiante y nos pone delante de situaciones y retos.

Para eso yo utilizo el semáforo de mis emociones.

Cuando el semáforo está en rojo, es que necesito acción urgente.

Cuando el semáforo está en ámbar, es que necesito planificar un cambio, tengo que hacer algún cambio en mi vida.

Cuando el semáforo está en verde, es que voy bien, tengo que seguir así, estoy en el camino correcto.

¿Cómo gestionar la basura emocional?

Esas emociones que no te gustan tanto o que ni siquiera son tuyas son del entorno y acaban llegando a ti de forma agresiva.

Hoja en blanco y a hacerse preguntas.

¿Qué ha pasado hoy?

¿Cómo lo he vivido?

¿Qué puedo mejorar para gestionarlo mejor?

Todo parte de nosotros, de nuestro autoconocimiento.

Acepta lo que sientes.

Amplia tu diversidad relacional y así ampliarás tu relación de afecto.

El afecto lo incluye todo.

Todos somos diferentes, todos tenemos visiones diferentes y cuando se comparten, se enriquecen.

Todos los afectos son necesarios incluso los desagradables.

Es importante darnos permiso para sentir.

Las emociones nos dan información, las que no se utilizan, se extinguen.

> **SUMA TU LUZ A LA DE LOS DEMÁS Y ACABARÁS GENERANDO UN GRAN IMPACTO.**

La energía emocional es intangible.

Los intercambios tienen que ser equitativos, dar y recibir.

Lo que genero es lo que acabo recibiendo.

Lanzo algo positivo y ese positivo vuelve.

El amor se basa en el intercambio, relaciones sanas que mantenemos con los demás.

Necesitamos un intercambio porque los demás nos sirven de espejo.

El lenguaje es muy importante, lo que emitimos es lo que recibimos.

Pregúntate: "¿Qué estoy emitiendo al mundo?".

¿Te has dado cuenta de que cuando formulas una pregunta ya tienes la mitad de la respuesta?

Haz tu aportación individual. Lo que nace de ti te lleva a cambiar las relaciones contigo y con el mundo.

Sentir es lo que nos hace vivir, permite que las emociones entren.

La ternura necesita dedicación, la gratitud, cooperación, acompañar en el dolor, eso es compasión.

Hay paisaje interno y externo, cada decisión genera un impacto.

Necesitamos un espacio de crecimiento donde podamos crecer mejor, si no sacas tus cualidades el mundo se empobrece.

Identifica tus áreas de poder, tus zonas de no control, tu zona de influencia y tu zona 100% de control.

Lo que no se cuida, muere. Cuando las cosas dejan de crecer, empiezan a morir. Morir, pues, no es dejar de vivir, sino dejar de crecer.

Tanto de niños como de adultos conviene recordar que somos importantes y valiosos, y que podemos convertir nuestras debilidades en nuestras fortalezas. Nosotros mismos debemos darnos el espacio de crecimiento óptimo y crear las circunstancias adecuadas en nuestro entorno.

Somos jardineros de nosotros mismos.

Para eso voy a poner el ejemplo con un cuento.

Los cuentos hablan de lo que hemos vivido, de ese

lugar donde algo se perdió o no pudimos penetrar nunca. Su reino no es el reino de lo probable, sino de lo posible.

Es decir, el reino del alma.

A través de un cuento puedes conocerte mejor, te identificas, utilizas los tres ejes: emoción, mente y acción. Creas vínculos, creatividad y aprendizaje, puedes proyectar tu futuro.

Te recomiendo que hagas tu propio cuento, escribe tu propia historia.

Marieta

Marieta es una flor única y especial, lo que la hace única y especial es su compromiso con ella misma y los demás, su coraje y autenticidad.

Es valiente, decidida, bastante resiliente. Va superando las tormentas, la lluvia, el sol, el frío, el calor, la noche, el día. Va calando pequeñas conquistas, gestiona las emociones con compasión, necesita su espacio de crecimiento, de protección y cuidados para poder tener un nacimiento espontáneo. Le gusta estar cerca del mar porque para ella significa renacimiento.

Necesita cuidado y atención. Hay plagas que a veces la atacan sin que ella se lo espere.

Cuando eso pasa utiliza un escudo, uno que ha creado nuevo, en el que solo deja pasar el amor, porque ha aprendido que lo único que importa es el amor. Ya que las plagas que pueden matarla son el orgullo, la falta de respeto y un entorno tóxico. Ella convive bien con un entorno que la ayude a crecer, a cuidarse y a compartir. Le encanta compartir su esencia, solo que ella solo la comparte con plantas que sabe que no la van a dañar, ya que es sensible y cualquier ataque agresivo de su exterior puede acabar con su esencia.

Tarda en recuperarse, para ello necesita tiempo y espacio protegido, necesita comprensión y estabilidad, ya que le gusta estar acompañada, aunque muchas veces le gusta estar sola en la naturaleza y conectar con la tierra, volver a generar raíces nuevas que la hagan crecer con más fuerza y constancia, perseverancia y gratitud.

Cuando eso sucede vuelve a florecer y a compartir sus pétalos de colores, sus hojas y toda su esencia y belleza.

Ha aprendido que la emoción hay que sentirla, darle nombre, traducir la información que nos trae y dejarla ir.

Crecer es estar VIVO.

Es PASIÓN.

Es GRANDEZA.

Crecer es COMPROMISO.

Tus decisiones tienen que ser de corazón.

Escucha a tu corazón, acallando tu mente.

Ahí sacarás tu verdad.

Tu DESEO.

Tu anhelo.

Tu AMOR.

Desde allí encontrarás el AMOR.

Permítete SENTIR.

Permítete sentir lo que sientes sin juzgarte.

Permítete sentir todo lo que sientes.

Vívelo.

Vívelo intensamente y déjalo ir.

Suelta y confía.

AMA.

GESTIÓN DE ESPACIOS Y TERRITORIOS

Porque algún día yo seré todas las cosas que amo.

En nuestro interior existe un espacio que nadie nos puede quitar, donde reside la certeza del ser dentro de la incertidumbre del vivir. Es ahí donde reside la confianza.

La confianza radica dentro de nosotros mismos y la seguridad en el exterior.

Donde habita el miedo la confianza desaparece.

La mejor base para construir la confianza es tener actualizado el conocimiento de nosotros mismos, de nuestras potencialidades y recursos. La conciencia de que somos valiosos como seres humanos reduce nuestra dependencia del juicio externo.

La ignorancia de nosotros mismos genera sufrimiento.

Cuanto más vulnerables nos sentimos más podemos armarnos, defendernos o mostrarnos duros. Y las corazas pueden evitar que nos dañen, pero también que nos llegue el amor.

Los límites son señales necesarias que orientan nuestro camino.

¿Quién podría decir dónde termina uno y dónde comienza el otro?

Todo territorio necesita un compromiso de mantenimiento y cuidado.

Aprender, experimentar y vivir.

Una vez reconocido nuestro territorio y tomamos conciencia de qué afectos habitan en él, estaremos en mejores condiciones para encontrar el equilibrio. El tipo de gestión emocional es importante, si es adaptativa o desadaptativa.

Marcar límites, saber decir no, saber decir sí, saber que no son estáticos, saber que podemos ampliar o reducir según nuestra necesidad, es esencial para hacer una buena gestión.

Nuestro mundo determina nuestro desarrollo. Este va a depender del espacio y las oportunidades mentales, emocionales, espirituales y físicas que decidamos darnos.

Nuevos horizontes donde florecer, llegar a la cima, desarrollarse con vitalidad y energía, encontrar tu belleza y hacerla crecer, aprender a disfrutar, percepción de posibilidades, acción, creatividad, proyectos. Resolver un problema y andar con decisión, inteligencia resuelta.

Una buena actitud es la clave para darnos un voto de confianza y para pelear cada paso que demos con el objetivo de contar con nosotros mismos y considerarnos más seguros.

El autoconocimiento nos proporciona la base para proyectarnos a nosotros mismos. Las críticas solo tenemos que atenderlas para encontrar qué hay de verdad en ellas y reaccionar en consecuencia.

No hay nada peor que permitir que los miedos vayan ocupando nuestras vidas. Es preciso exponernos a nuevas situaciones y asumir el riesgo de equivocarnos para extraer aprendizajes y experiencias positivas.

¿Dónde te encuentras?

Sitúate, siente, fluye, escúchate. Nuevos territorios para explorar conocimiento, experiencia emocional vinculada a la acción.

No hay que anular emociones, hay que gestionarlas para ver las cosas de forma diferente, hay que pensar de forma diferente.

Probar te ayuda a aprender.

A veces no recuerdas que ya lo has hecho antes y has sido capaz, que has sido valiente, coherente. Cuestiónate, siempre cuestiónate. Cuidar las palabras, ¿qué palabras utilizas?

¿Palabras puente? ¿O Palabras dardo?

El crecimiento está en la incertidumbre. Actualiza tu mapa, tu mapa vital, tu mapa mental.

La confianza se construye ante la incertidumbre, voluntad, experiencia.

Confianza en base a nada es FE.

¿Por dónde puedo empezar?

Confiar a ciegas o hacer algo para empezar a confiar.

¿Dónde pones el foco?

Esa es la especie que vas a alimentar.

¿Miedo o Amor?

Tú eliges.

No conocer nuestros recursos nos hace vulnerables, hay que expandirse.

ACCIÓN.

Hay que hacer actos amorosos para trabajar el amor.

La ternura requiere tiempo.

Las especies emocionales comparten hábitat, por ejemplo, la alegría comparte hábitat con la tristeza, la ira con la paz, el miedo con la confianza, la aversión con el afecto, la impulsividad con la reflexión, la esperanza con la desolación, la plenitud con el vacío, la represión con la omisión, la generosidad con el egoísmo, la rigidez con la flexibilidad, etcétera.

Hay espacios de seguridad, espacios de exploración, la zona de confort está pensada para evitar el dolor. En el crecimiento está la incertidumbre, la incertidumbre es el músculo.

La zona de confort no permite la expansión, hay que actualizar el mapa, tu mapa vital, tu mapa mental. Tu mapa, actualiza tu mapa, créalo a tu medida, hazlo tuyo.

MAPAS Y DRAGONES

¿Vamos a ver qué hay?

Cuando miras, traspasas, descubres, exploras.

Somos exploradores de nosotros mismos.

En la vida hay zonas de barro, de precipicios, de crisis, de dificultades, de naufragios que te llevan al laberinto. Una vez que llegas al centro del laberinto este se deshace para que pueda llegar otro.

En nuestro mapa emocional están nuestros dragones, identifícalos y juega con ellos, cámbiales el nombre para que pierdan fuerza y te ayuden. Los dragones son oportunidades de crecimiento.

Las visiones que tenemos de las cosas determinan nuestro comportamiento.

¿Cómo creamos dragones oportunidad, mi querido valiente?

Pasando a la acción, porque, si no, no se vincula al estado emocional.

Tienes que partir de tus puntos fuertes para que estos dragones vayan disminuyendo.

Busca tus recursos y hazte preguntas.

¿Qué temo perder?

¿Estoy dispuesto a perderlo?

¿Es un dragón?

¿Le puedo cambiar el nombre?

Somos el fruto de las decisiones que tomamos.

Hay dragones que dependen de nosotros y otros que no, hay dragones que no se pueden controlar. Asume tu propia responsabilidad, el resto ya no depende de ti.

LAS INVASIONES TERRITORIALES

Hay que conocerse para saber dónde nos ubicamos, conoce bien tu mapa para evitar que alguien decida por ti.

Tener los límites claros, los límites personales.

Porque, si no, aparece la gestión desadaptativa de la gestión emocional.

Límites mal puestos que crean fronteras, barreras, vallas mentales, invasiones territoriales. Busca tu centro, reconócelo. Saber decir que no, saber decir que sí, hay que tener en cuenta el espacio protegido interior.

Hay que reponer vallas, mantener los caminos vinculados, intimidad, soledad, silencio, ternura, esperanza.

Bajar al cuerpo, saltar, bailar, reconectar con tu niño interior con esa energía que todos tenemos dentro, el entusiasmo, tu niño. Tu entusiasmo está en tu espacio protegido, libéralo, vuelve a tu espacio protegido cuando estés en situaciones de riesgo.

Las energías son importantes.

¿A qué nos conectamos?

Las situaciones y los espacios nos afectan, pero no determinan lo que somos, ni quién somos, nos determinamos nosotros, el hábitat no nos determina, nos condiciona en función del espacio que tenemos. Un hábitat puede ser la familia, los amigos, el trabajo. Según sea ese espacio así crecemos.

LA DANZA DEL CAMBIO

¿Qué aprendes de ti en los cambios?

¿Qué sensación te da el cambio?

¿Cómo quieres ir cocreando tu vida?

¿Cómo construyes desde la autenticidad?

Hay cambios internos y cambios externos, crisis existenciales, cambios sutiles, la vida es cambio continuo, es movimiento.

El gran reto es tu brújula interior, aprender a vivir en la incertidumbre caminando hacia nosotros mismos, hacia nuestra conquista, seducirnos.

Poner en valor el camino recorrido.

En situaciones límite es cuando sacamos recursos. Toda transformación es como estar de mudanzas, a veces es necesario romper nuestro límite para tener perspectiva, buscar nuevas posibilidades. A veces los límites son nuestros y hay que darse cuenta de cuáles son para conquistarlos.

Autodescubrimiento cuando encontramos el sentido.

La esperanza activa significa:

"Voy a hacer que lo que yo quiero ocurra".

Somos personas únicas, ¿por qué tenemos ese temor a sentirnos distintos?

¿Cuando en realidad lo que queremos es ser distintos?

Es importante cuidar tu refugio, tu casa.

¿Qué simboliza "casa" para ti?

Para mí, mi querido valiente, casa significa:

CORAZÓN, CORAJE, ENCUENTRO CONTIGO MISMO, ANCLAJE.

Casa es volver al corazón, es conectar con la esencia y no permitir que el entorno me afecte negativamente. Es permitirme sentir bien, libre, responsable, quererme con mis luces y mis sombras, cuidarme, respetarme.

Para mí, casa es encontrar el amor que tengo dentro y darlo, porque cuando uno siente amor es cuando da, porque si no doy amor es porque he cerrado una puerta y me he dejado las llaves dentro, por eso buscas fuera lo que tienes dentro. Cada uno sabe lo que lleva en su mente y en su corazón, solo hay que saber escucharlo y hacerle caso sin resistencia. ¿Te acuerdas de tus resistencias?

LA LLAVE LA TENGO DENTRO DEL CORAZÓN, ES MI CASA, SOLO TENGO QUE ABRIR DE DENTRO HACIA FUERA, MI CASA, EL CORAZÓN SIN CERRADURA, SIN LLAVE, SOLO SIENTE, SIENTE Y DA. DA DESDE EL AMOR SIN EXPECTATIVAS, SIMPLEMENTE ENTREGA, SALTA Y SE DEJA LLEVAR POR SU INTUICIÓN.

Date cuenta de todos los recursos internos que tienes, descubre tus dragones, sé tu mismo, un valiente de corazón. Date cuenta de que se puede dar y hacer cosas con lo que uno tiene sin necesidad de buscar en el exterior, y si se busca en el exterior es para compartir y expandirse juntos, para crecer en equipo.

Tus dragones son tus mayores fortalezas, son importantes porque son una gran oportunidad de autoconocimiento y crecimiento personal. Son tus mayores fortalezas escondidas, esas que te da miedo sacar y disfrutar.

En tus dragones se esconde tu mayor tesoro.

TÚ.

VIVE, AMA, RÍE.

Vive, fluye, vive, llora y sonríe, vive no pensando, sino viviendo. La diferencia entre vida y vivir no es solo si son sustantivo o verbo, es el concepto de la acción.

Un abrazo, mi valiente.

SEGUIMOS CAMINANDO...

GESTIÓN DEL CLIMA EMOCIONAL

Al fin y al cabo, somos lo que hacemos para cambiar lo que somos. Todos tenemos un bagaje rico.

¿Qué es una emoción?

La emoción llega, nos informa de cómo nos estamos sintiendo. Lo que desprendemos y lo que recibimos nos afecta.

El clima emocional está íntimamente relacionado con el mundo de los afectos y con el efecto de contaminación y contagio.

Así nuestro clima emocional será sano cuando seamos capaces de gestionar adaptativamente las emociones sin evitarlas, canalizándolas de manera adecuada.

Por el contrario, cuando nos instalamos en emociones que nos esclavizan, el clima emocional global se hace insostenible.

Drenar emociones tóxicas es importante, soltar todas las emociones y soltarlas bien.

Todas las emociones que se quedan sin expresar también son letales, incluso la ternura puede ser letal si no se expresa.

Para mejorar el clima hay que expresar las cargas emocionales que pesan. Despréndete de esas emociones, comparte esas emociones y así podrán convertirse en emociones capacitadoras.

Cuando nos sentimos contentos y motivados, el efecto contagio positivo hace que los que están a nuestro alrededor también se vean inmensos en estas emociones.

Nuestra propia emoción se retroalimenta, nos sentimos con más recursos y mayor creatividad.

¿Cómo es el clima emocional en los diferentes ámbitos de tu vida?

¿Qué matices emocionales contagias a los demás?

¿Qué o quién hay en tu vida que tenga capacidad de cambiar tu clima emocional?

Soltar, drenar lo tóxico, los pesos, lo incompleto, lo inacabado, lo pendiente, venimos cargando los "tengo que", los temas pendientes, creando contagio emocional.

Mira de alegrar la vida de otra persona, elige ser parte de la solución, junta la oportunidad con algo y surgirá la magia.

Lo que llevamos dentro sale afuera.

¿Cómo está tu clima emocional?

El clima es la suma de impactos emocionales recibidos a partir de la relación con uno mismo, los demás y el mundo.

Muchas veces nos encontramos con la furia ciega y cruel, terrible y enfadada, pero si nos tomamos un tiempo para mirarla bien vemos que solo es un disfraz y que detrás del disfraz de la furia en realidad está escondida la tristeza.

Los factores que alteran el clima son los cambios rápidos, el exceso de demandas, los ritmos desadaptativos, la inmediatez, las conductas agresivas, las invasiones territoriales, sobresaturación de información, relaciones desadaptativas y la falta de competencias en la gestión emocional.

Los impactos son terribles, tenemos que escucharnos más. Hay que cuidar los procesos, las prisas dan la mano a la agresividad.

El tiempo a la ternura, la ternura es un sentimiento que necesita unas condiciones, un ritmo lento.

La caricia siempre es lenta.

Cada uno de nosotros es su propio clima.

¿Cómo es tu clima?

La tristeza te desconecta del hacer, porque necesitas un duelo, el duelo es lo que sana y te da libertad de espacio.

Después del duelo, date cuenta y descubre las perlas que te quedan.

Gestiona mejor las emociones, autogestión emocional, buen uso y ahorro de energía emocional, energía emocional limpia y renovable, crear espacios protegidos, protección del clima emocional.

Los contagios emocionales. Captamos las emociones de las personas que tenemos alrededor y las reproducimos o amplificamos, pueden ser adaptativas o desadaptativas. Afectos que, si son reprimidos o gestionados desadaptativamente, pueden convertirse en irritación, enojo, desánimo, rencor, resentimiento. Pueden contagiarse y deteriorar el clima emocional global.

Cuando la ira explota aparece la furia que se salta la barrera de la razón y aparece el primitivo, anulando la parte racional del cerebro y dejando salir la parte irracional. No puedes argumentar con un primitivo.

Cuando la ira se reprime aparece la rabia, de la rabia viajamos al rencor, al resentimiento y después al sentimiento complejo del odio.

La emoción es permiso para sentir lo que siento. Yo lo siento, lo interpreto y actúo en consecuencia. Y la primera decisión para una buena gestión emocional es elegir ser parte de la solución.

Desde nuestra infancia aprendemos a gestionar nuestras emociones a partir de las influencias y modelos que nos proporciona nuestro entorno.

Así lentamente vamos construyendo nuestro hábito del corazón, unos cimientos que van a determinar si el edificio de nuestra vida emocional se levanta recto o torcido, firme o desequilibrado.

Cuando los fundamentos del corazón se han colocado inicialmente mal, de adultos podemos plantearnos efectuar reformas a fondo, con disciplina, perseverancia, voluntad y mucho amor.

Haz tu parte, gestiona tu trozo, ocúpate de ti, de lo tuyo.

¿Qué quieres tú?

¿Quién manda en tu vida?

¿Desde dónde te estás mirando?

Un viaje emocional, por ejemplo, puede ser del miedo a la confianza.

Otro viaje de la tristeza a la alegría, otro de la ira a la serenidad.

TU CAMINO DEL CENTRO

El autocontrol.

Imaginemos por un segundo, mi querido valiente: en un extremo se halla la represión emocional total, el bloqueo, la negación del sentir o su contención; en el extremo opuesto está la incontinencia afectiva, la explosión, la impulsividad más absoluta.

En el centro, la expresión de nuestras emociones, teniendo en cuenta los principios de Aristóteles, expresar nuestro sentir, pero con la persona adecuada, en el momento adecuado, con el propósito justo y de la forma correcta.

La libertad de expresar nuestro sentir debe ir siempre unida de la responsabilidad sobre el impacto que tendrá nuestra conducta en nosotros mismos, en los demás y en el mundo.

Alimentar el lobo bueno es abrir paso a la bondad, a la verdad, a la belleza y al amor. Es dentro de nosotros donde está la música, la llave, el equilibrio o el caos, la semilla de la creación o de la destrucción.

Todos tenemos la posibilidad y la responsabilidad de aportar nuestras melodías a esta sinfonía común que es la humanidad.

Tú eliges, ¿equilibrio o caos?

Solo de ti depende. La vida es cambiante y nuestro clima emocional también. Tenemos días de todo, días de lluvia, días de sol, días nublados, días tormentosos, días fríos, días secos.

No permitas que cualquiera te ponga nombre, la persona que se sabe vulnerable es más fuerte que la que va a pecho descubierto.

La basura emocional. Si somos capaces de observarla desde el amor podemos poner luz en la oscuridad, podemos reciclar, reducir, reutilizar y reparar.

Todo eso lo puedes transformar y utilizarlo como material para crecer.

Autoestima, autoconocimiento, autocontrol.

Llegar a tu camino del centro, ni reprimir ni explotar.

El tema del inconsciente es muy importante.

Ser sabio es conocerse mejor, es encontrar tu lugar en el mundo.

La obra de tu vida tiene que ver con tu clima.

¿Cuál es tu sentimiento?

¿Qué sentimiento tienes ahora?

¿Quién ha decidido cómo tienes que ser?

¿Quién manda en tu vida?

Lo que sentimos es lo que vivimos y de ahí depende la obra de arte de nuestra vida.

> **CUANDO LOS SUEÑOS DE LA ADOLESCENCIA SE VAN, NOS ENCONTRAMOS CON NOSOTROS MISMOS.**

Las cosas importantes se arreglan con amor, honestidad y determinación.

Pasa a la acción, sé un ARTISTA de la vida desde el AMOR.

Saber que tu obra de arte es lo que haces con lo que la vida te ha dado en cada momento.

Importante cuidarse uno mismo, ser personas que gestan sus emociones. Súmate al hábito de hacer. Porque el comportamiento de nuestra vida es un conjunto de hábitos.

Somos responsables de la persona que somos y corresponsables del mundo que tenemos.

Para eso vamos ahora, mi querido valiente, a trabajar cómo reducir, reciclar, reutilizar y reparar emociones.

- Reducir. Rebajar los niveles de basura emocional, limpiar nuestro interior de lo que es inútil, de las cosas viejas que no dejan entrar lo nuevo, reducir lo que ya no quieres o ya no necesitas.

- Reciclar. Reciclar es el arte de transformar las emociones dolorosas y desagradables, así como los sucesos difíciles. Transformarlos a tu favor, a tu crecimiento, y agradecer todo lo vivido. Transformar emociones negativas. ¿Qué es lo que realmente vale la pena reciclar?

- Reutilizar. Volver a utilizar, una segunda vida, darte cuenta de tu conocimiento, recursos, ser consciente de qué recursos reales tienes dentro de ti. Observarlos, conectar con ellos, ponerse en acción. Aprovechar recursos.

- Reparar. Reparar es el arte de curar, de cerrar,

de completar y de aliviar el dolor emocional. Mejor solucionar lo que se puede reparar, reparar una ofensa puede ser mejor que perder un amigo. Reparar lo tuyo, cuando reparas lo tuyo, puedes ayudar al otro. Reparar es el arte de curar, de cerrar, de completar y de aliviar el dolor emocional.

Define tu territorio para que no te invadan.

Cuida tu mundo, preocúpate de lo tuyo, para después poder ocuparte de lo demás.

Es un proceso.

Es bueno echar el freno de mano para darte cuenta de tu conocimiento y recursos.

Ponte en acción, reconecta con tus recursos y no los pierdas.

Espero haberte ayudado a comprender tu clima emocional, a conocer nuevos recursos para gestionarlo mucho mejor, a tener nuevas estrategias que te ayuden a saber cómo te sientes, qué sientes, y qué hacer con lo que sientes.

Disfruta de reciclar, reutilizar, reparar y reducir.

SUELTA Y CONFÍA.

LA OFENSA

La ofensa deriva de la conciencia del ego, entendiendo como ego lo que nos hace conscientes de nuestra identidad, de la valoración que tenemos de nuestro yo individual y de todo aquello que lo hiere.

Cuando nos ofendemos, debemos mirar hacia dentro y ver qué pensamos de nosotros mismos, qué autovaloración tenemos. Cuanto más fuerte esté nuestra propia valoración menos dependeremos de la de los otros y menos capacidad tendrán para ofendernos.

Enfadarse es fácil, pero enfadarse con la persona adecuada, en el momento oportuno, con el propósito justo y de la forma correcta, no lo es tanto.

Para aplicar todo esto sería necesario elegir el comportamiento concreto que ha generado el malestar. Comenzar expresando empatía, exponer las emociones que estás sintiendo y exponer el comportamiento alternativo que podría cambiar el clima emocional.

Primitivo y emociones

El primitivo integra nuestro cerebro visceral y límbico. El primero tiene como función mantenernos con vida, pura función de supervivencia. El segundo, el límbico, es el cerebro emocional que nos ayuda a efectuar valoraciones rápidas de lo que sucede dentro y fuera de nuestra persona y nos mueve a actuar sin reflexionar.

La ira ni la reprimas ni te dejes llevar por ella.

La ofensa puede ayudarte a crecer, a conocerte y a aprender a perdonar. Ayuda a tu crecimiento y puede ser una gran oportunidad de cambio.

Puede ayudarte a cambiar patrones mentales que no te ayudan y solo te crean sufrimiento por otros que te ayuden a impulsarte, a ver la ofensa desde otra perspectiva y realidad. La ofensa en sí no existe, es la interpretación que hacemos de ella, según esté nuestra autoestima una ofensa puede hacernos más daño o menos.

Las palabras solo funcionan cuando dos seres racionales dialogan desde el centramiento y la escucha. Es preciso calmarnos, atender al otro utilizando el lenguaje no verbal, tener paciencia y esperar que el primitivo se desactive.

La ofensa, al igual que la vergüenza, la culpa o el odio, no está escrita en nuestros genes ni en los de ninguna especie animal. Se trata de emociones que son fruto de nuestra incompetencia emocional y que generan sufrimiento, malestar y destrucción si no se controlan. Crece el rencor y el resentimiento, crean un clima emocional enrarecido y contaminante y bloquean nuestra energía emocional creativa.

Una vez hemos penetrado en el territorio de la ofensa, sea como ofensor u ofendido, si queremos resolver la situación de desequilibrio y sufrimiento es preciso recorrer la ruta del perdón. El perdón puede ser unilateral, en cambio, la reconciliación sería un paso más en el que ya es necesaria la voluntad de reencuentro de las partes después de ser perdonada la ofensa.

La principal ofensa es la que nos hacemos a nosotros mismos cuando no desarrollamos nuestras potencialidades para no defraudar lo que otros esperan.

Es importante responder a lo que percibimos como agresión, pero es preciso practicar el autocontrol. Autocontrol emocional no significa represión emocional, sino buscar el mejor momento para hacer la devolución acerca de lo que sentimos. Y el mejor momento es cuando hemos recuperado la calma y podemos hablar sin furia.

Solo entonces es posible la comunicación.

No deberíamos tolerar desprecios ni humillaciones.

Nadie lo merece y no son conductas aceptables.

Habla si tienes palabras más fuertes que el silencio, si no, guarda silencio.

Hablamos del silencio inteligente, no del silencio colapso, de quien no sabe qué decir, que tiene miedo, que se somete.

EL OFENSOR Y EL OFENDIDO

Podemos ofender a otras personas sin ser conscientes de ello, a veces simplemente por el mero hecho de existir.

Algo que decimos o hacemos puede provocar una resonancia dolorosa en la otra persona. Ignoramos las experiencias anteriores de los demás y sus recursos para autogestionarse.

La primera vez no somos responsables del daño involuntario que lanzamos, pero la segunda vez, cuando ya conocemos la vulnerabilidad del otro, le lanzamos un dardo doloroso, y en esto sí que tenemos parte de responsabilidad.

Cada situación emocional que vivimos con intensidad se almacena en un disco duro mental. En cada archivo hay varias carpetas con el nombre de una emoción:

Carpeta tristeza, carpeta del rechazo, carpeta del miedo, carpeta soledad, carpeta abandono, carpeta humillación, vergüenza.

También hay carpetas con emociones agradables como: carpeta amor, carpeta alegría, carpeta paz, amistad, gratitud... Durante todos los años que vivimos guardamos situaciones emocionales en estas carpetas, por lo que están llenas de experiencias agradables y desagradables. Recuerda, aunque se abra una carpeta muy cargada, puedes ser consciente y cerrarla, actuar con asertividad en lugar de agredir.

LA RUTA DEL OFENSOR

Toma conciencia del daño, reconoce tus emociones, dales nombre. Observa tu soledad, tu sentimiento de culpa, tu angustia, tu remordimiento, tu decepción, tu desconexión, sufrimiento y división interna. Toma nota de ello. Observa. Trabaja la empatía, ponte en el lugar del otro.

Elige responsabilizarte de tus actos y céntrate en aquello que depende de ti. Esto te permitirá hacer las acciones necesarias para reparar las heridas causadas y desprenderte del peso de la culpa.

Perdónate a ti mismo y pide perdón, todos nos equivocamos y todos podemos mejorar. Es importante que previamente te perdones a ti mismo tu falta de amor y de competencia emocional. El perdón es un acto de voluntad necesario para que las heridas causadas por la ofensa dejen de sangrar y puedan cicatrizar.

Aprende para el futuro, puedes utilizar las experiencias dolorosas como plataformas para mejorar tu vida siempre y cuando estés dispuesto a trabajar en ellas.

Suelta la culpa, quédate con un aprendizaje de mejora personal.

LA RUTA DEL OFENDIDO

Puedes elegir. La ofensa puede ser una oportunidad para conocerte mejor, ajustar tu sentido de realidad y creencias y dar una respuesta emocionalmente más ecológica. Rechaza opiniones como la agresión o la represión tóxica de tus emociones.

Practica la humildad, admite que puedes pensar, elegir y actuar mejor. Reconoce que tanto tú como tu ofensor merecéis una nueva oportunidad para aprender y mejorar.

Ejerce la responsabilidad y la generosidad, elige vivir de forma más amorosa y creativa. Sé generoso contigo mismo y deja de agredirte por haber permitido la ofensa. Compadece al ofensor por no haber sabido actuar mejor.

Suelta el lastre. El ritual del perdón: quédate solo con lo que has aprendido de esta experiencia y permite el reencuentro con el otro.

¿Y si lo que considero una ofensa es solo una muestra de incompetencia del otro para expresar y comunicar?

Las emociones están todo el día trabajando, no paran, vienen, van, crecen, se desvanecen. ¿Por qué a algunas les hacemos más caso que a otras? ¿Por cuántas emociones pasamos?

La vida es una sorpresa que viene en un *pack* de emociones, agradables o desagradables.

Las emociones son una oportunidad de aprender algo diferente. A partir del aprendizaje que tú hagas tienes un resultado u otro.

La ira es una emoción primaria, se conecta automáticamente.

¿Cómo gestionas la ira?

Todos somos corresponsales del clima emocional en el que estamos.

Transformación, proceso, responsabilidad, autonomía emocional. Cuídate, usa el freno de mano portátil para cuidarte y decidir cómo te quieres sentir. Utiliza la vacuna emocional, tiempo para ti, respirar. Lleva contigo el botiquín de la vacuna para poder utilizarlo cuando sea necesario.

Viaja para dentro, elimina lo que no te gusta y escucha lo que sí quieres. Sé una persona amable, persona que se deja querer, para dejarte querer tienes que conocer primero el amor.

¿Qué es la ofensa?

La ofensa es una creación humana, es un caos emocional. La ofensa existe para quien la conoce, la ofensa es un concepto y la puedo traducir en una emoción.

Necesitamos quemar adrenalina cuando nos ofenden, nos hacen un favor.

¿En mi día a día qué semillas quiero que crezcan?

El miedo a ofender hace que nos sintamos ofendidos. No es posible vivir sin ofender a nadie, cuanto más inseguros nos sintamos mayor tendencia tendremos a sentirnos ofendidos.

REFLEXIÓN

Todas nuestras vivencias emocionales dejan una huella en nuestras células.

¿Oportunidad o peligro?

¿Respuesta o reacción?

Hay que ser resiliente, tener una buena autoestima para que el autoconcepto de los demás no nos condicione.

No intentar contentar a todo el mundo porque así protegerás tu territorio, para defender tu clima, para dejar las cosas claras. Y si el otro se ofende ese es su trabajo.

Hay que empezar a ver la ofensa como una oportunidad de autoconocimiento y crecimiento usando las cuatro R (reduce, recicla, reutiliza, y repara) para rebajar, transformar, aprovechar, aprender. Intentar encontrar el camino del medio. Llegar a tu centro con escucha activa. Sacar al primitivo con elegancia, para no dañar a nadie. Escuchar la letra pequeña que hay detrás de cada palabra.

Ser conscientes de estar en ofensa. Aprender a moverse sin moverse. Hacer un puente de futuro, lo que depende de mí. Acción.

Conectar con un momento de paz, equilibrio, armonía, trabajar la obertura y la flexibilidad, motivar el sentido del humor, aprender a vivir en zonas inciertas, ajustar nuestro sentido de la realidad, reforzar la autonomía personal, mente abierta, asertividad.

Nos merecemos el perdón porque somos valiosos y podemos aprender de nuestros errores y usarlos de trampolín para mejorar el mundo.

De la ofensa yo siento que hay que hacerse amiga de ella, verla como una amiga que viene a ayudarme a crecer, a madurar, a conocerme más y tener humildad y gratitud por ella.

Es un regalo de sabiduría y honestidad.

Todos ofendemos y todos nos sentimos ofendidos, así que he aprendido a utilizar mi paraguas emocional, la vacuna y el freno de mano. Lo mejor, mi ducha emocional. Aprender a utilizar y practicar las cuatro A (autoconocimiento, autocontrol, autonomía, autoestima) y las cuatro R es todo un ejercicio de superación y autoconocimiento brutal.

¿Qué llevamos en el saco delantero y saco trasero?

He cogido todo el miedo del saco de atrás, es decir, mi pasado, y lo he convertido en amor y aprendizaje para poder añadirlo a mi saco delantero, mi presente, y a partir de ahí continuar mi viaje por la vida.

Hay un mundo mágico cuando te das cuenta de que la ofensa en sí no existe. En ese momento también te das cuenta de que no hay nada que perdonar. Las emociones son movimiento, deben fluir. Si las retenemos, en el momento menos pensado pueden entrar en erupción como un volcán y arrastrar todo lo bueno y bello que hay en nuestra vida.

Graba esto en tu corazón. Te conviertes en lo que

piensas y sientes repetidamente. Recuerda que la mejor manera de predecir el futuro es creándolo. La desesperación del ser humano viene de no vivir el presente.

Conoce tu poder personal sin ofenderte.

LA GESTIÓN DE LA ENERGÍA EMOCIONAL

La energía siempre fluye. Por suerte fluye porque está llena de vida. La vida es energía, sentirse vivo es notar la energía vital, justo lo contrario de cuando entramos en terrenos apáticos, donde se nos escapa la energía y la desgana invade nuestra acción.

La energía siempre fluye, en función de la energía emocional en la que nos conectemos tendremos una vida sostenible o insostenible, equilibrada o desequilibrada, serena o atormentada.

Es importante tomar conciencia de que cada día elegimos nuestra fuente emocional.

Las fuentes de energía limpia y sostenible son aquellas que nos llevan a crear, a transformar algo en algo mejor, a utilizar incluso materiales emocionales que nos han generado sufrimiento como trampolines para crecer como seres humanos.

Sé sabio como los árboles y cuando la vida te pida que dejes caer las viejas hojas de tu mente y de tu corazón no dudes en hacerlo para que tu alma pueda disponer de un vestido nuevo cada primavera.

El agradecimiento es la memoria del corazón, va unido a las actitudes de sinceridad, abertura, atención y apreciación de la vida. La persona agradecida es una persona que valora y quiere.

Escoge ser la fuerza creadora de tu propia vida. Ser honesto contigo mismo. Escoger estar sano física, emocional, espiritual y mentalmente.

¿Y tú? ¿Eres sinceramente agradecido?

¿Cómo gestionas los hábitos del corazón?

Solo podemos amar cuando nos hemos amado a nosotros mismos, con autoconocimiento, autoconcepto, autoevaluación, autoaceptación, autorrespeto y autoestima.

Las energías para seguir caminando y hacer camino son el deseo, la curiosidad, la fortaleza, el silencio, la soledad elegida, la voluntad.

La voluntad, motivación inteligente aplicada a la acción.

Una energía limpia, renovable y sostenible, necesaria para mantener el impulso y perseverar en los proyectos. Es la inteligencia aplicada a la acción.

Nadie quiere lo bastante si no es capaz de actuar.

La comprensión es solo comprensión intelectual si no va seguida de una acción inmediata.

La voluntad nos dará la energía para llevar a cabo los proyectos o cambios necesarios para mejorar nuestra vida. Para activarla, no obstante, necesitamos disciplina y valor. Nadie nace con la voluntad activada.

La voluntad debe educarse.

Hay que perseverar en lo que es vital para nosotros a pesar de los juicios negativos que puedan hacer los demás. Es necesario hacer oídos sordos a los ruidos externos y dejarnos guiar por nuestra intuición e impulso interior.

Corazas emocionales. ¿Qué es una coraza emocional?

Mecanismo de defensa que utilizamos para protegernos.

Fugas de energía emocional que nos dejan sin fuerza.

Tenemos que aprender a gestionar adaptativamente lo que gestionamos desadaptativamente.

Revisemos si nuestra gestión emocional es sostenible o insostenible. La ecología emocional nos ayuda a comprender mejor qué nos ocurre y a reconectarnos a fuentes emocionales sostenibles, renovables y ecológicas que nos permitan mantener un buen nivel de energía.

El dolor es consecuencia de la división interna, de la incoherencia entre lo que uno es y lo que uno hace, lo que uno siente y lo que uno piensa, lo que uno sueña y lo que uno se permite esperar.

La buena noticia es que podemos cambiarlo.

¿Cómo?

Conectándonos cada día a la gratitud, AGRADECE.

Nuestro mayor tesoro es nuestra vida.

Activando la curiosidad y darnos cuenta de todo lo que nos rodea utilizando nuestros recursos y viendo todo como una oportunidad de crecimiento.

Tenemos todo un universo para explorar.

No somos responsables de nuestras emociones, pero sí de cómo las gestionamos. Depende de ti aprender a transformar su energía de una forma más creativa y equilibrada.

Por ejemplo, mi manera de gestionar mis emociones o de comprenderlas es a través de la fotografía y la escritura.

¿Cuál es la tuya?

Encuéntrala y hazla realidad.

A través de la fotografía conecto con las emociones y después con la escritura. Con el tiempo me di cuenta de que cuando hacía mucha foto no era capaz de expresarme, no podía escribir, y después ha habido momentos en mi vida que escribía mucho y no hacía fotografía, hasta que conseguí unir la fotografía con la escritura. De ahí mi proyecto *Enfocando7, escritora de imágenes, energía en movimiento*. Fue un proyecto que surgió cuando decidí viajar hacia mi interior y aprender a conocerme, a aceptarme, a quererme y a empezar a sanar todas las heridas que tenía y no había trabajado ni sanado por evitar el dolor. El dolor hay que sentirlo para que pueda sanar. Hay que decirse la verdad, aunque duela.

Empecé, como he dicho antes, escribiéndome a mí misma, y poco a poco he ido uniendo la escritura con la imagen y compartiéndolo con las exposiciones de fotografías que realizo, en las que mi objetivo es hacer llegar un mensaje al espectador.

La primera fue dura para mí hacerla porque tuve que superar, atravesar todo mi dolor emocional, el que no era capaz de expresar en palabras. Por eso digo que la fotografía ha sido mi terapia, mi motor, ha sido una gran ayuda emocional para mí. Le doy las gracias a mi hermana por regalarme mi primera cámara de fotografía. Desde ese instante la fotografía me cautivó y es una de mis pasiones.

Mi sueño era exponer desde la primera vez que vi una exposición de fotografía. Tardé muchísimos años en hacerla. Y cuando la hice y superé todo lo que me impedía hacerla gracias a la ayuda de Alberto, me alegré tanto de haberla hecho, porque vi que mi mensaje, mi emoción, llegaba al espectador, a la persona que había venido a ver mi exposición. Y eso me motivó tanto que desde entonces ya he decidido que no voy a parar de hacer exposiciones, porque me llena muchísimo ver cómo mi mensaje llega a las personas y les ayuda, les hace pensar y se emocionan.

Eso me ha hecho comprobar que cuando lo que hay en el corazón puede expresarse, te liberas, te engrandeces, te emocionas y puedes desarrollarte como persona, y seguir creciendo cada vez más. Tus talentos se manifiestan y puedes ser.

Yo tenía miedo a crecer, vaya, miedo no, tenía pánico a crecer, porque era hacerme responsable, y hacerse responsable requiere mucha responsabilidad, ¿no?

¿Vivir o sobrevivir?

Vivir es obertura de la experiencia, es expansión, crecimiento y aprendizaje. Es conciencia de la oportunidad que significa vivir.

Arte de mejorar como seres humanos.

No es lo mismo equivocarse que fracasar.

La evolución está basada en el error.

¿Cuál ha sido tu error?

Agradécelo.

La energía tiene que fluir, recibimos lo que emitimos, todo lo que no das lo pierdes, toda la energía que no creas destruye.

Deseamos relaciones que nos aporten felicidad y realización personal, pero no tenemos tan claro cómo llegar a construirlas y cómo mantenernos fieles a nosotros mismos siendo con los demás.

En el encuentro con la mirada del otro nos construimos.

Nuestras primeras relaciones son clave en el desarrollo de nuestro propio estilo afectivo. Tomar conciencia de cómo hemos ido resolviendo el apego desde nuestras relaciones tempranas nos puede dar una pista para entender qué papel juegan los otros en nuestra vida.

Si nos cuesta decir adiós, si establecemos relaciones de dependencia o bien relaciones fundadas en el respeto mutuo y la libertad.

Elegimos nuestras relaciones en función de nuestras creencias, valores e historia personal. ¿Qué tipo de relaciones construimos? ¿En qué tipo de relaciones las basamos? ¿Nuestras relaciones son de dependencia o se fundamentan en la autonomía y libertad?

Quizás haya llegado el momento de analizar qué tipo de relaciones y vínculos mantenemos en nuestra vida.

Para que haya equilibrio debe haber una correspondencia entre lo que se crea y lo que se destruye, entre lo que se recibe y lo que se da.

¿Cómo gestionas tus vínculos?

Hay que aprender a gestionar adaptativamente cada situación, cada emoción y cada experiencia que vivimos. Así podremos tener relaciones extraordinarias.

Fluir en vez de cerrarse.

El miedo puede llevarnos a aislarnos de los demás y de los sentimientos. Mostrarnos con confianza implica conocernos, gestionar mejor las emociones y elegir bien las relaciones. Cuando no sabemos con qué recursos personales contamos es difícil confiar, y si no confiamos nos defendemos.

Para construirnos como seres humanos necesitamos de espacios de soledad voluntaria, necesaria para integrarnos, recomponernos. Poner límites, porque, si no, quedamos a la merced de lo externo.

Necesitamos cierto grado de espacio de soledad para poder ser y estar bien. Nadie puede vivir por nosotros y ser en nuestro lugar.

Si quieres ir al otro lado, debes cruzar el puente.

Hay tantas posibilidades…

Cada camino es distinto y te construyes en él.

Las relaciones son para crecer, expandir la mente, compartir, confiar, para tener empatía, conexión, cariño, aprendizaje sincero y útil, unión, comunicación, complicidad.

SOMOS APRENDIZAJE CONTINUO

Aprendemos a través de la experiencia, de todo lo que vivimos, aprendemos a través de los demás, aprendemos a través de los años y con los años, aprendemos a construirnos, aprendemos a base de arriesgarnos, aprendemos cuando nos equivocamos. Aprendemos, aprendemos, siempre estamos aprendiendo, aunque no nos demos cuenta, siempre, siempre, siempre.

Aprender es algo fantástico, es increíble. Aprender, aprender en el camino y con el camino, aprender con los ojos abiertos y aprender con los ojos cerrados, aprender con los amigos, aprender con los padres, aprender con los libros, aprender con ilusión, aprender y aprender. Todo es aprendizaje y quiero que empieces a ver la vida como lo que es, aprendizaje continuo. Aprendizaje interior, aprendizaje de amor y aprendizaje de miedo, aprendizaje de honestidad, aprendizaje de gratitud. Aprende a agradecer, agradece y verás aparecer magia en tu vida.

Tú eres magia, aprende a ver tu magia, aprende a creer en tu magia. Tú eres el mago de tu vida, recuérdalo siempre. Haz magia con tu vida, créala, hazla realidad, tú puedes hacerlo. Si has llegado hasta aquí y me estás leyendo es porque ya puedes crearla, te está esperando, tu magia está en ti, encuéntrala y déjala salir. Eres el mago y la magia, la magia y el mago. No hay separación.

La magia existe y está en tu interior.

Gracias, mi querido valiente, por llegar hasta el final de este camino…

Seguimos caminando en el siguiente, vamos a seguir creciendo, a seguir compartiendo y a seguir soñando.

Con *Tu Voz Sí Importa,* ¿te atreves a SOÑAR?

Y *Vive Tu Propia Luz,* ¿te atreves a CREAR?

*Transforma tu mirada, gestiona
tus emociones y controla tu mente.*

*Somos instantes, conecta tus puntos,
elige el AMOR, la vida es cambio continuo,
es MOVIMIENTO.*

El AMOR es lo único que puede vencerlo todo.

*Amor hacia uno mismo, hacia
los demás y al mundo.*

Aceptación y confianza.

Esperanza y Fe.

Entusiasmo.

Ama.

UN VIAJE AL AMOR

"EL CAMINO AL AMOR ES UN VIAJE INTERIOR
(...) TODAS LAS RELACIONES HUMANAS SON,
EN ÚLTIMA INSTANCIA, UNA RELACIÓN CON
DIOS".

Deepak Chopra

¿QUÉ PUEDES APORTAR TÚ?

*Papá, te quiero, quiero decirte
que me alegro de ser tu hija.*

Que te entiendo, te comprendo, te dejo ir.

*Quiero que sepas que te echo de menos,
que me gustaría escuchar tu risa
porque no me acuerdo de ella.*

Que me encantaría verte y abrazarte.

Te quiero, Papá.

*Que siento que estás conmigo y te
doy las gracias por acompañarme
y cuidar de mí.*

Descansa en paz, papá.

*Porque voy a construir la vida
que soñaba de pequeña.*

Porque voy a restaurar lo que está roto.

Voy a honrarte, a vivir sin límites.

Le digo Sí a la vida.

*Gracias por enseñarme tantas cosas,
por hacer de mí una gran mujer.*

*Gracias por estar conmigo y eso me
hace sentir fuerte y segura porque
sé que todo va a salir bien.*

Dejo que la vida me sorprenda.

SOY

Gracias, mi querido valiente, por llegar hasta el final.

Por estar todavía aquí, aquí conmigo.

Gracias infinitas, gracias por hacer que este viaje haya sido posible, gracias por viajar conmigo, gracias por estar y existir, gracias por elegirme, gracias por elegir compartir, leer mi historia, y gracias por dejarme entrar un poquito en tu vida, gracias por dejarme entrar y gracias por leerme. Gracias por estar en mi vida.

Gracias a *Paz en tu Mirada*, a esta trilogía que nos ha unido, gracias a todo ello y gracias porque tú has hecho posible mi sueño.

Y ahora, ahora lo único que quiero es que tú hagas realidad tus sueños, sí, tu sueño. El tuyo propio.

Y que me escribas, que me escribas contándome tu sueño hecho realidad o que me comentes cualquier duda, cualquier cosa que quieras comentar, compartir conmigo.

Gracias de todo corazón por estar en mi vida.

Te Quiero, mi querido VALIENTE.

marylechugaozaez@gmail.com

GRACIAS, LAÍN. Qué grande Laín, mi mentor.

Laín es un ser extraordinario, te da todo lo que tiene, no se guarda nada, tiene una generosidad brutal y es muy gratificante trabajar con él. Transforma tu vida porque transforma todas tus creencias subconscientes y a donde tú no llegas él hace que tú llegues.

Pertenecer a este proyecto de tu primer *Best Seller* ha sido toda una transformación en mi vida.

GRACIAS, Laín, por tu saga *LA VOZ DE TU ALMA*, por tu evento VUÉLVETE IMPARABLE y por dejarme entrar en tu vida, por permitirme formar parte de todas las almas imparables que hay por todo el mundo.

Yo soy imparable, ¿y tú?

Gracias también a todas las personas que forman y han formado parte de mi vida, gracias a todas las experiencias vividas, gracias a todas las personas que han tenido contacto conmigo.

A las que están y a las que ya no están, gracias por el aprendizaje, gracias por las experiencias y gracias por todos esos instantes vividos.

Gracias a mi familia, a todos mis ancestros, a todos ellos, porque todos ellos hacen este sueño realidad.

A las mujeres de mi familia, a todas ellas, por ser mujeres luchadoras, valientes, con coraje, mujeres que han pasado muchas dificultades, dificultades que las han hecho ser mujeres fuertes. Y por eso nuestro libro se llama *Paz en tu Mirada*, porque mi intención en este libro es conseguir que todo, todo el mundo pueda tener paz en su mirada, pueda sentir esa paz que solo surge de dentro, esa paz que te da paz y serenidad.

Esa paz que solo puedes generar tú, por eso es paz en tu mirada, en la tuya, y si tú eres capaz de crear paz en tu mirada, tu entorno también la irá generando, porque tú serás su ejemplo, tú serás el siguiente en tener paz en tu mirada, y así, poquito a poco, todos podremos ir teniendo y manteniendo nuestra paz en la mirada.

Acabas de terminar nuestro libro, pero esto solo acaba de empezar, ahora te toca trabajar, ahora te toca mantener la paz en tu mirada para poder continuar con *TU VOZ SÍ IMPORTA* y *VIVE TU PROPIA LUZ*.

LA VOZ DE TU ALMA

 Conocí la SAGA *LA VOZ DE TU ALMA* a través de un congreso *online*. Ahí descubrí a LAÍN y todo su trabajo. Me impactó y tuve la suerte de conocerlo en persona a los pocos días, desde entonces *LA VOZ DE TU ALMA* es un libro que siempre viene conmigo, porque me ayuda, me ayuda a conectar y a creer en mí y me ayuda a hacerme responsable de mi vida.

Es un libro que no puedes dejar de tenerlo siempre contigo. Es un libro que transforma vidas y las mejora. Es un libro que te aconsejo lo tengas en tu vida. *La voz de tu ALMA* es un *Best Seller* mundial, y todo, todo el mundo debería leerlo.

Leerlo y practicarlo. Es un libro para estudiar, es un libro para ser estudiante de *LA VOZ DE TU ALMA*. Lo encontrarás en: **www.laingarciacalvo.com**

Seguimos caminando, mi querido valiente.

Te espero en:

TU VOZ SÍ IMPORTA

¡VAMOS!

REGALO PARA
MIS VALIENTES:

PUEDES SEGUIRME EN
MIS REDES SOCIALES:

 marylechugaozaez

 Mary Lechuga Ozáez

 Mary Lechuga Ozáez

 marylechugaozaez@gmail.com